O princípio dispositivo em
direito probatório

C198p Campo, Hélio Márcio
　　　　O princípio dispositivo em direito probatório / Hélio Márcio Campo. — Porto Alegre : Livraria do Advogado, 1994.
　　　　173 p. ; 14 x 21 cm.
　　　　ISBN 85-85616-32-6
　　　　1. Prova: Direito Processual Civil. 2. Princípio dispositivo : Direito Processual Civil. I. Título.

　　　　　　　　　　　　　　　　　CDU 347.941

Índices alfabéticos

Princípio dispositivo : Direito Processual Civil　　347.9
Prova: Direito Processual Civil　　　　　　　　　 347.941

Bibliotecária responsável: Marta Roberto, CRB-10/652.

Hélio Márcio Campo

O PRINCÍPIO DISPOSITIVO EM DIREITO PROBATÓRIO

livraria
DO ADVOGADO
editora

Porto Alegre 1994

© Hélio Márcio Campo, 1994

Capa, projeto gráfico e
supervisão editorial de
Henry Saatkamp

Composição e montagem de
Livraria do Advogado Ltda.

Revisão de
Germano Antonio Maraschin Filho

Direitos desta edição reservados por
Livraria do Advogado Ltda.
Rua Riachuelo 1338
Fones e fax 2244312, 2253250 e 2265164
90010-273 Porto Alegre RS

Impresso no Brasil / Printed in Brazil

*A minha querida esposa Adriana,
companhia brilhante pelo seu
carinho e compreensão.
A meus pais, Élio e Ivani,
cujas condutas sempre foram inspiradas
na virtude e no dever.*

Prefácio

Cumpro com prazer a incumbência de apresentar ao mundo jurídico rio-grandense o autor Hélio Márcio Campo e seu trabalho intitulado *O princípio dispositivo em direito probatório*.

Trata-se de dissertação apresentada pelo autor como requisito para obter a titulação no Curso de Especialização em Direito Processual Civil da Pontifícia Universidade Católica do Rio Grande do Sul.

O ensaio que ora se oferece aos juristas rio-grandenses e de todo o Brasil constituiu, para os professores que o examinaram em banca pública, uma agradável surpresa, tanto pela seriedade e talento com que o autor versou o tema importante e atual do *princípio dispositivo* - preocupação constante nas cogitações de um dos mais eminentes processualistas contemporâneos, que é o Prof. Mauro Cappelletti -, quanto pela elogiável pesquisa bibliográfica que lhe dá respaldo.

Talvez não seja exagero dizer que o ensaio do jovem jurista Hélio Márcio Campo é o mais amplo e o melhor estudo sobre a matéria existente na literatura jurídica brasileira.

Não temos dúvida em vaticinar um futuro brilhante tanto ao autor quanto à sua obra, que haverá de ser recebida pelo público leitor com a atenção e acolhida que ela merece.

Porto Alegre, setembro de 1994.

Ovídio A. Baptista da Silva

Sumário

Introdução 13

1. Prova 17
1.1. Origem do vocábulo 17
1.2. Conceito 17
1.3. Objeto 28
1.4. Finalidade e destinatário da prova 21
1.5. Fontes e meios de prova 23
1.6. Síntese da história da prova 24
1.6.1. Ordálios 25
1.6.2. Juramento 25
1.6.3. Conspurgadores 26
1.6.4. Combate judiciário 26
1.6.5. Prova testemunhal 27
1.6.6. Prova documental 27

2. Ônus processual 29
2.1. Ônus da prova 30
2.1.1. Conceito e considerações preliminares 30
2.1.2. Origem 31
2.1.2.1. Antigo processo romano 32
2.1.2.1.1. Legis actiones 32
2.1.2.1.2. Período formulário 36
2.1.2.1.3. Sistema processual extraordinário 37
2.1.2.2. Primitivo sistema germânico 39
2.1.2.3. Escola de Bolonha 40
2.1.2.4. Os brocardos romanos 40
2.1.3. Critérios de distribuição 42
2.1.3.1. *Actori incumbit onus probandi* 43
2.1.3.2. *Ei qui agit onus probandi incumbit* 43
2.1.3.3. *Ei incumbit probatio qui dicit, non qui negat* 44

2.1.3.4. Síntese das teorias de Bentham, Webber,
   Betthmann-Hollweg, Fitting, Gianturco e Demoge   46
2.1.3.5. Os modernos processualistas   48
2.1.3.6. O CPC pátrio   49
2.1.4. Ônus subjetivo (formal) e objetivo (material)   50
2.1.5. Ônus da afirmação   53
2.1.6. Dever, direito ou carga de afirmação e da prova   55
2.1.7. Inversão do ônus da prova   57
2.1.8. Natureza jurídica   59
2.1.9. Fundamento da distribuição   61

3. Princípio dispositivo   65
3.1. Princípio   65
3.2. Em sentido geral e em matéria de direito probatório   66
3.3. Distinções propostas   70
3.4. Fundamento   76
3.5. Princípio inquisitivo   77
3.5.1. Sistemas socialistas e comunistas   85
3.6. Procedimentos de jurisdição voluntária e causas de direitos indisponíveis   88
3.7. Verdade real e formal   91
3.8. Dever de probidade, fraude e simulação processual   94
3.9. Críticas ao princípio dispositivo   98
3.10. Medidas de melhor prover - A conciliabilidade entre princípio dispositivo e inquisitivo   102
3.10.1. Limites   109
3.10.2. Momento, notificabilidade e contraprova   114
3.10.3. Conseqüências jurídicas   116
3.10.4. Proposição das provas pelo Ministério Público   118

4. Interesse do Estado no processo civil   123
4.1. Reflexos do direito substancial no processo civil   128

5. Princípio dispositivo, inquisitivo e medidas de melhor prover nas diversas legislações   133
5.1. Na Itália   133
5.1.1. O juiz instrutor   137
5.2. Nos Estados Unidos e na Inglaterra   138
5.3. Na França   140
5.4. Na Áustria   141
5.5. Na Alemanha   142

5.6. Na Suécia, na Suíça e na Hungria   144
5.7. Na ex-União Soviética   145
5.8. No Brasil   149
5.8.1. Antes de 1939   149
5.8.2. O Código de 1939   152
5.8.2.1. Diligências inúteis e protelatórias   157
5.8.3. O Código de 1973   159

Conclusão   165

Bibliografia   169

Introdução

Para quem quer sair em busca da interpretação das normas de um determinado sistema, deve previamente estudar os princípios que as norteiam, para tão somente após tirar a exegese que lhes é peculiar, posto que aqueles constituem, por excelência, a primeira fonte do ser da regra.

Assim também é para o direito processual civil, cujos institutos têm por horizonte determinados princípios afins, que podem ser separados uns dos outros, posto possuírem determinadas características próprias.

O princípio dispositivo é um deles e está intimamente ligado a toda estrutura interna do processo. Entre nós, por exemplo, o legislador não deixou por menos: já na Exposição de Motivos do Código Instrumental de 1973 assinalou que as normas ali consubstanciadas regem-se pelo princípio dispositivo.

Contrariamente ao princípio dispositivo, existe o inquisitivo, o qual, como o próprio nome já revela, é comumente aceito nos sistemas socialistas e comunistas.

Eis aí então um grande fator de interferência na adoção de um daqueles princípios que será objeto deste livro. Interessante neste ponto é observar que determinados sistemas que consagram a ideologia do Estado forte, ao pretender um autoritarismo, acabam por conceber no processo um princípio com características diversas do que propugna, isto é, enlaça-se ao princípio dispositivo.

Porém, é no direito probatório que o princípio dispositivo ou de disponibilidade das partes vem levantando a mais viva das controvérsias desde o início do século. A propósito, já quando se fala em direito probatório, a partir daí começa a doutrina a divergir sobre qual o ramo do direito a que pertencem as regras que regulam esse instituto.

Para isso então, por ser intricado não só o estudo do princípio dispositivo mas quase a totalidade das questões vertentes no ramo probatório, partirá a presente obra do estudo da prova considerada desde seu início, isto é, desde a sua origem, a conceituação, objeto, a finalidade, as distinções e ainda haverá um breve comentário acerca de como foi sua utilização nos primórdios da civilização romana. Isto tudo já no primeiro capítulo.

A par dessas considerações preliminares, seguirá o livro abordando um delicado instituto que ainda diz respeito ao tema probatório, qual seja, a distribuição de seu ônus entre os sujeitos da relação jurídica de direito processual. Ficarão aí demonstradas as opiniões da doutrina do mais alto quilate sobre se se trata de um ônus, de um dever ou ainda de um direito que tem as partes de produzirem provas. Mister se faz, ainda neste mesmo capítulo, como todo o estudo do direito, ver as raízes do instituto no direito romano até se chegar a debruçar na doutrina mais moderna. Vale dizer, *prima facie*, que o estudo da distribuição do ônus da prova contribui em muito para a formação do conhecimento do terceiro capítulo, isto é, do objeto primordial deste estudo.

Após a colocação do princípio dispositivo de maneira *sui generis*, e ainda quanto a sua manifestação em matéria de direito probatório, cujo estudo pode-se dizer que revela um ramo a parte no direito processual civil, se verão as fartas críticas estampadas nos mais diversos escólios nacionais e alienígenas e a posição do legislador tomada diante destas como forma de solucionar o problema. Ocorre, porém, que as insurgências são as mais variadas e o resultado a que chega o legislador muitas vezes deixa a desejar para alguns.

É, enfim, uma resposta do autor do texto legislativo de um lado, tentando compô-lo segundo a concepção doutrinária, e ataques desta de outro, dada a resolução tomada por aquele e ainda a apresentação de novas propostas para o tema.

Também não se deixará escapar o estudo do princípio inquisitivo, pois embora se trate de princípio antagônico ao dispositivo, com muito esforço conseguiu o legislador uni-los, tal como a água e o fogo; daí já dá para perceber que várias opiniões e críticas se levantaram com o resultado.

Logo a seguir, se passará a verificar qual a causa que leva um ordenamento processual civil a adotar um dos dois sistemas mencionados e ainda a defesa que fazem comunistas e socialistas sobre a adoção da máxima inquisitiva, bem como a relação existente entre os dois princípios e o direito substancial.

Para finalizar, tratará o último e quinto capítulo sobre o tipo de sistema adotado nas diversas legislações, especialmente nas mais adiantadas, inclusive no direito processual civil brasileiro, que será dividido em três etapas: antes de 1939, entre 1939 e 1973 e após 1973, data *a quo* da entrada em vigor do atual Diploma Instrumental.

É, em suma, um delicado e intrincado estudo a par dos caminhos traçados pela doutrina juntamente com os primeiros passos dados nos primórdios das civilizações sobre a adoção de um dos dois sistemas, pois se de um lado a sua utilização concomitante teoricamente é impossível, de outro a adoção de qualquer um sempre revela um desconforto nas diversas obras que escrevem sobre o tema e, aí, haja estudo do legislador para tentar compor as mais diversificadas opiniões.

1. Prova

1.1. ORIGEM DO VOCÁBULO

O vocábulo da prova, derivado do verbo *probare* (demonstrar, reconhecer, formar juízo de), advém do latim, *proba*, que tem uma gama acentuada de significados: ensaio, argumento, razão, aprovação, confirmação.

1.2. CONCEITO

Na linguagem vulgar, não se distanciando muito de suas raízes, prova é sinônimo de ensaio, experiência e confrontação.

Na terminologia jurídica, o vocábulo é normalmente utilizado em duas acepções: subjetivamente, que consiste na convicção ou certeza da existência ou inexistência de um fato, e objetivamente, que diz respeito a tudo quanto nos possa convencer da certeza de um fato (Rezende Filho, 1955, p. 182).

Há outros, contudo, que emprestam ao termo prova um triplo significado. Além do subjetivo e objetivo, compreenderia a prova também na "atividade que os sujeitos do processo realizam para demonstrar a existência dos fatos formadores de seus direitos que haverão de basear a convicção do julgador ..." (Silva, 1991, p. 275). Diz-se então, neste sentido, que a parte produz prova para formar a convicção do juiz acerca de suas afirmações.

Carnelutti, (1952, p. 105), tomando por premissa a finalidade da prova, chega a asseverar, conceitualmente, que ela nada mais significa senão "o instrumento que serve para o controle", controle este que diz respeito aos resultados utilizados pelos meios de prova, já que para ele alegação provada é sinônimo de afirmação controlada.

Aliás, não muito diversa é a opinião de João Monteiro, fundada na definição de Mittermaier - "prova é a soma dos meios produtores da certeza" -, a qual Moacyr Amaral Santos (1952, p. 21) acabou por arrematar: "prova é a soma dos fatos produtores da convicção, apurados no processo".

Tomando-se uma posição eclética acerca dos significados propostos pela doutrina, pode-se dizer que a prova consiste numa soma de meios probatórios realizados por um conjunto de atos praticados por pelo menos uma das partes litigantes ou requerentes em juízo, que quer fazer operar no espírito do julgador a certeza de sua ou de suas afirmações, com a finalidade precípua que é a de obter êxito na demanda, através da comprovação daquelas alegações.

1.3. OBJETO

O julgamento da lide pelo órgão jurisdicional depende quase que exclusivamente dos fatos. É o autor que demanda com apoio nos fatos para lograr êxito em seu pedido, é o réu que, em sentido contrário, se esteia também nos fatos para ver rechaçada a demanda daquele.

Assim, em princípio, o objeto da prova são os fatos.

Todavia, a questão não é pacífica.

Carnelutti (1971, p. 145), após salientar que o costume é se falar em provar os fatos, assevera que o correto é dizer-se que se prova um juízo, pois "es el juicio el que se pone a prueba".

Na mesma trilha de Carnellutti segue Sentís Melendo, referido por Baptista da Silva (1991, p. 280): "Os fatos não se provam, os fatos existem. O que se prova são as afirmações que poderão referir-se a fatos", da qual Wigmore, *apud* Couture (1946, p. 136), não se separa: a prova é "um meio de controle das proposições que os litigantes formulam em juízo"

O certo é que a maior parte da doutrina, segundo Ovídio Baptista da Silva, segue a corrente daqueles (Devis Echandia e Silva Melero entre outros) que se inclinam a considerar o objeto da prova como sendo os fatos.

Aliás, Pontes de Miranda (1974, p. 14), no seu escólio destinado ao exame das provas, já é taxativo *ab initio*: "a prova refere-se a fatos", e complementa: "A prova concerne...à existência e à inexistência no mundo fáctico ou no mundo jurídico".

Por outro lado, interessante é a opinião eclética de Lopes da Costa (1943, p. 256): "Como o fato é matéria das alegações das partes, tanto faz referir a prova à verdade dos fatos como à verdade das afirmações. Os aspectos são inseparáveis."

Não obstante a posição que se tomar, nem todas as afirmações ou fatos dependem de prova, isto porque apenas dependem de provas os fatos controversos, relevantes e determinados.

Fatos controversos, segundo Moacyr A. Santos (1990, p. 335), hão de ser entendidos "aqueles contestados ou não admitidos como verdadeiros pela parte contrária à que os alega".

A regra de que o objeto da prova são os fatos controversos está inserta no art. 302, do Código de Processo Civil (CPC) pátrio, onde se assinala que o julgador há de ter por verdadeiros aqueles narrados pelo autor quando não impugnados pelo réu, salvo se não for admissível a confissão a seu respeito, ou se a petição não estiver acompanhada de instrumento público que a lei considera da substância do ato, ou, ainda, se estiverem em contradição com a defesa considerada no todo.

Fatos relevantes são todos aqueles que dizem respeito à causa, isto é que mantém uma relação ou conexão com ela. Assim, fatos impertinentes ou inconseqüentes não são objeto de prova, posto serem irrelevantes. Já os fatos determinados são aqueles apresentados com características distintas de outros semelhantes. Assim, *verbi gratia*, as pessoas, as coisas etc. Pelas hipóteses ventiladas no art. 334 do Caderno Instrumental nacional, não dependem de provas: I - os fatos notórios; II - os fatos afirmados por uma parte e confessados pela parte contrária; III - os admitidos no processo como incontroversos; e, IV - os fatos em cujo favor milita presunção legal de existência ou veracidade.

São notórios os fatos incontestes, ou seja, aqueles que entram naturalmente no conhecimento, na cultura ou na informação normal dos indivíduos, com relação a um lugar ou a um círculo social, no momento em que o juiz tem de decidir (cfr. Couture, *apud* Humberto Theodoro Jr., 1991, p. 448). Nesses termos, notório é, por exemplo, o dia 25 de dezembro - Natal - e o primeiro dia do mês de janeiro - Ano Novo.

A razão pela qual insistiu o legislador que independem de prova os fatos notórios decorre de que ao juiz não é dado julgar contra fatos de que é sabedor em razão de seu próprio conhecimento privado, o qual é comum a todas as pessoas.

Os fatos afirmados por uma parte e confessados pela outra, assim como os não controvertidos, também independem de prova por uma lógica palmar, são fatos incontroversos.

Devis Echandia, *apud* Baptista da Silva (1991, p. 280), sobre o tema, salienta que "os fatos notórios e os que venham a ser admitidos como verdadeiros, apenas dispensam o procedimento probatório", posto que, para ele, existe uma confusão na doutrina entre o objeto de prova e necessidade de prova, daí porque, conclui, só necessitam de provas os fatos que não sejam notórios e que sejam controvertidos, pois aqueles já se têm por verdadeiros por serem considerados provados.

Também não necessitam de provas os fatos em cujo favor milita presunção legal de existência ou de veracidade. Provado o domínio, presume-se ser este exclusivo e ilimitado (Código Civil - CC, art. 527); o devedor que tem em seu poder um título de crédito não precisa provar o pagamento (CC, art. 495) etc.

De igual sorte, não necessita de prova o direito. É princípio basilar que "ninguém se escusa de cumprir a lei alegando que não a conhece" (art. 3º da LICC). Destarte, se as partes não podem alegar a ignorância da lei por não cumpri-la, com maior razão se justifica o preceito na figura do julgador.

Entretanto, a estipulação cede ante à regra contida no art. 337 do CPC, eis que é objeto de prova o teor e a vigência do direito municipal, estadual, estrangeiro ou consuetudinário alegado. Ao juiz não é lícito alegar o desconhecimento da lei federal; entretanto, se não tiver conhecimento da legislação aventada no art. 337, a parte que o alegar deverá provar a vigência e o teor.

1.4. FINALIDADE E DESTINATÁRIO DA PROVA

Na ação sempre há a afirmação de um direito violado ou ameaçado e há a alegação de um fato causador; daí dizer-se que aquela tem por fundamento um ponto de fato (cfr. Neves e Castro, apud Amaral Santos, 1952, p. 15).

É através da petição inicial que o autor alega o direito ameaçado ou violado e pela contestação o réu se defende.

À petição inicial corresponde a sentença; *sententia esse debet libello conformis*. Ambas constituem um silogismo onde a premissa maior se consubstancia na previsão da norma em abstrato, a premissa menor corresponde aos fatos e a conclusão consiste no pedido do autor, na inicial, e ao acolhimento ou não dele, na sentença.

Conforme salientado anteriormente, o julgamento na maior parte dos litígios depende das soluções das questões de fato - apresentadas na premissa menor. Só por meio de provas tem o juiz acesso ao conhecimento dos fatos e facilmente se concluirá que, ao menos em princípio, a probabilidade de atingir-se uma decisão justa cresce na razão direta do rendimento dos mecanismos probatórios (conforme Barbosa Moreira, 1989, p. 122).

Assim, a finalidade da prova não é outra senão convencer o juiz acerca das alegações apresentadas pelo autor, no libelo, e pelo réu, na contestação, com o fim precípuo de obter uma decisão justa e favorável. Como então não poderia deixar de ser, o destinatário da prova é o juiz. É ele quem vai valorar as provas produzidas no processo e proferir o julgamento. É ao julgador que será endereçada todas as provas produzidas no transcorrer duma ação. Operado no espírito dele a certeza das alegações de uma das partes litigantes, mediante o critério psicoepistemológico, tem o mesmo como certa uma determinada realidade ou um fato apresentado em outro momento histórico.

Moacyr Amaral Santos (Enciclopédia Saraiva, 1977b, p. 311) estende um pouco mais a questão ao afirmar que o juiz é o principal destinatário da prova, porém de maneira indireta as partes também o são, já que elas precisam igualmente ficar convencidas a fim de acolher como justa a decisão, daí a classificação de destinatário direto o juiz e indireto as partes.

Não obstante a classificação do destinatário da prova, Carnelutti (1971, p. 143) chega a mencionar que ela possui mais destinatários que não aqueles arrolados no parágrafo anterior:

> "La primera impresión de un jurista, cuando entra a estudiar el argumento de las pruebas, es precisamente que de ellas se sirven el juez y las partes en el proceso; despues, poco a poco, se persuade de que las pruebas sirven al derecho también fuera del proceso, y tanto es así que habla de ellas también el codigo civil, y que incluso se encuentram en el mismo

las normas fundamentales que a ellas se refieren. Más tarde se dá cuenta que de este instrumento tiene necesidad también de los historiadores, en primer termino ..."

1.5. FONTES E MEIOS DE PROVA

Costuma a doutrina diferenciar fonte e meio de prova. A isto não escapa Lopes da Costa (1947, p. 299): "a) o documento, a testemunha, o objeto sujeito à vistoria que são cousas corpóreas, 'meios de prova', naquele primeiro significado; b) o exame do documento, a inspeção da cousa vistoriada, a inquirição da testemunha, são também, já noutro sentido, meios de prova, processos de cujo emprego resulta um estado de consciência do pesquisador, pela aquisição de um conhecimento".

À primeira vista, a exposição acima poderia provocar muitas objeções, pois, pelo que se vê, apenas narra o processualista a existência de dois sentidos empregados na expressão meios de prova. Contudo, está demonstrado no mesmo parágrafo a distinção da terminologia em epígrafe. É que para o autor referido (ibidem), "como é de boa técnica dar a cousas diversas nomes diferentes, ... às cousas materiais de onde se retira o conhecimento chamemos 'fontes de prova', denominando 'meios de prova' os processos pelos quais daqueles reservatórios se consegue extrair a verdade".

Em linguagem mais ou menos simples, fonte de prova é, portanto, o manancial de onde surgem os elementos da prova; já meios de prova é o processo pelo qual se obtém tais elementos.

Carnelutti (1952, p. 150), um dos partidários da corrente que considera o objeto da prova como sendo as afirmações ou juízos, escreve que "fuente de prueba es un hecho diverso del hecho a probar (objeto de la prueba) que sirve al juez para deducir el hecho que hay que probar; medio de prueba es, en cambio, la actividad (perspectiva o deductiva) mediante la cual adquiere el juez el conocimiento del hecho".

Desta forma, seriam fontes de prova o que Pontes de Miranda denomina material das provas: documentos, testemunhas, a parte, a coisa etc.; e meios de prova: o exame, a inspeção, a inquirição etc.

Convém mencionar que para a maior parte da doutrina não são fontes de prova aqueles fatos que o legislador mencionou no art. 334 do CPC, isto é, a confissão, a presunção, o indício etc., já que tal corrente doutrinária se alicerça em considerar, como outrora já frisado, que o objeto das provas são os fatos e não as afirmações das partes.

1.6. SÍNTESE DA HISTÓRIA DA PROVA

Interessante é o estudo dos meios e fontes de prova ao longo das civilizações mais antigas, não só como forma de ver a evolução ao longo dos tempos mas, precipuamente, pelos reflexos que irradiam no processo civil moderno.

É claro que, quando se fala nas civilizações mais antigas, não se quer com isso referir o homem das cavernas, o qual, quiçá, nada precisa provar a si e muito menos aos outros. Trata-se, isto sim, das fratrias ou cúrias, "denominações que as línguas gregas ou romanas deram ao agrupamento de famílias, e mais certamente na tribo, união de fratrias ou cúrias, se pode entrever a prova judiciária, com caráter de meio para se chegar a concluir por uma decisão" (Santos, 1990, p. 23).

Nessas civilizações, a religião era a força mais importante no agrupamento de famílias, as quais, a sua vez, constituíam as cidades. Narra Fustel de Coulanges, conforme citação de Amaral Santos (ibidem), "que cada família teve a sua religião doméstica, cada cidade a sua religião nacional. Uma cidade era como uma pequena Igreja completa, que tinha os seus deuses, os seus dogmas e cultos [...] Entre os gregos e entre os romanos, assim como os hindus, a lei foi primeiramente uma parte da religião". Nada se fazia ou se deixava de fazer senão em nome dos deuses. Daí, pois, a existência dos ordálios ou juízos de Deus e o juramento.

1.6.1. Ordálios

Os ordálios, provas de caráter eminentemente religioso, usadas principalmente pelos primitivos povos germanos e os semibárbaros da família indo-européia, tinham por escopo submeter alguém a um determinado procedimento probatório inculcado na esperança de que Deus não o deixaria sair com vida ou sem um sinal evidente se não dissesse a verdade ou se fosse culpado.

Difundidas, predominaram durante muito tempo através de diversas modalidades: prova pela sorte, pelo fogo, pela água fria, da cruz, do pão e queijo, da eucaristia, pela caldeira pendente, do pão bento, das serpentes etc., chegando até a Europa na Idade Média, com a predominância do cristianismo, sob o pálio de que Deus participava do processo e do julgamento dos homens.

Com a resistência da Igreja no século IV, através de Santo Agobardo, o qual propugnava outros meios de prova mais racionais - testemunhas e juramento -, foi, porém, somente após o século XIII que começou a entrar em desuso, passando a figurar apenas nas leis de alguns povos.

1.6.2. Juramento

Advindo juntamente com os ordálios, o juramento, também com características religiosas, facultava ao réu jurar que era inocente da acusação de que falava o autor. No sistema logobardo-franco, antes de se deferir o juramento ao réu, jurava primeiramente o autor de que não tinha a intenção de caluniar ou molestar aquele. Dada a atitude daquelas almas menos fervorosas, como nos diz Belime, (citado por Santos, 1952, p. 32), o juramento degenerou: "O homem vulgar, que se deixava dominar por idéias materiais, tendia sempre a esquecer o sentido religioso do ato apegado à sua prática exterior. Daí as sutilezas que desnaturam a santidade do juramento. Este indivíduo fazia retirar as relíquias e acreditava poder perjurar impunemente. Este outro jurava sobre os Evangelhos; mas, se tivesse a mão calçada em luva, acreditava não tê-la posto sobre os Evangelhos".

1.6.3. Conspurgadores

Devido aos abusos dos juramentos falsos, começou a surgir na Idade Média outra forma análoga ao juramento: era a dos conspurgadores. Enquanto que no juramento as partes, ou uma delas, juravam por si próprias, na fase dos conspurgadores outras pessoas juravam pelo acusado ou por quem devia jurar.

Em virtude da fragilidade das pessoas que juravam, esta fase teve o mesmo fim da anterior, degenerou, eis que quanto mais se fazia jurar mais numerosos eram os perjuros.

1.6.4. Combate judiciário

Apesar de vários protestos dos bispos e clérigos da época, surgiu para substituir os conspurgadores o combate ou duelo judiciário, que se difundiu por quase toda a Europa ainda na Idade Média.

Tratava-se de verdadeira luta entre as partes, na qual uma batia na outra e vice-versa. Fato curioso é a representação, por campeões, quando uma das partes fosse menor, religioso ou idoso.

O certo é que o combate judiciário constituía a prova por excelência, perdurando por muitos séculos, e da qual as partes se serviam para dirimir controvérsias de fato e de direito.

1.6.5. Prova testemunhal

Com a degradação dos ordálios e do combate judiciário, se retornou a prova testemunhal. Moacyr Amaral Santos (1952, p.38) escreve que "voltaram" para a prova testemunhal pelo fato de que, com o desaparecimento dos ordálios, se restaurou o prestígio que a testemunha tinha merecido na Antigüidade e sobretudo em Roma.

Narra ainda que a prova testemunhal é conhecida desde a infância dos povos, sendo antiga como o próprio homem, cuja origem nasceu com a afirmação do direito individual e continua a exercer ainda papel relevante nas nações civilizadas.

1.6.6. Prova documental

Caminhando com a prova testemunhal, a prova documental, após o descobrimento da escrita, foi introduzida na Beócia através de Cadmo, levando alguns séculos para ser difundida.

Vigorou entre os egípcios, judeus e gregos, chegando a adquirir uma forma de convenção. Entre os romanos existia os *tabularii* que declinavam por escrito a convenção das partes na presença de testemunhas.

Com a instituição de tabeliães, de caráter público, a prova documental entrou em definitivo no século XV, daí se generalizando seu uso, passando cada dia a ganhar um significado cada vez maior, dada a evolução constante das convenções escritas em todos os povos.

2. Ônus processual

Consiste o termo ônus, na definição de José Oliveira Ascenção (Enciclopédia Saraiva, 1977a p. 72), em "subordinação dum interesse próprio a outro interesse próprio, contraposto à obrigação, que representa e subordinação dum interesse próprio a um interesse alheio".

Tomado no sentido de gravame ou encargo, faz o vocábulo ônus sinonímia perfeita com a expressão carga, daí porque encontramos no processo cargas ou ônus processuais.

Carnelutti (1959, p. 196), ao tratar das cargas processuais no novo Processo Civil Italiano, as classifica em cargas processuais em sentido estrito e cargas econômicas.

Das cargas processuais em sentido estrito derivam cargas de impulso, inicial e sucessivo, que correspondem à iniciação ou o prosseguimento do processo, respectivamente, e cargas de aquisição, que se referem às informações ou provas.

Já cargas econômicas dizem respeito às custas dos atos ou até mesmo à caução prestada para o cumprimento de um determinado ato.

A carga ou ônus processual nada mais é senão o modo de ser ou um aspecto do poder processual, quando o exercício deste é deixado a livre determinação dos titulares dele, conforme Micheli (1970, p. 266). É, por excelência, uma faculdade deixada pela norma a alguém, cuja inércia do titular irá provocar os efeitos jurídicos negativos ou positivos que daquele preceito resultar.

2.1. ÔNUS DA PROVA

2.1.1. Conceito e considerações preliminares

Como pode se ver na abertura deste capítulo, as partes são livres para obrar ou não no processo, já que possuem poderes e cargas, devendo suportar, contudo, as conseqüências de suas atividades ou inatividades.

É como Carnelutti, *apud* Karam (1980, p. 52), a considera: uma faculdade cujo exercício é necessário para a consecução de um interesse. E, pode-se ainda sublinhar com Kisch, citado por Bonumá (1946, v. 2 p. 307), que dito interesse nada mais é senão a vontade de vencer a demanda.

Aliás, Pontes de Miranda (1958, p. 282) já afirmava que provar é no interesse próprio, para que não caia no vácuo uma afirmação, isto é, caindo no vácuo determinada afirmação, devido a falta de prova, se a tem por inexistente. E, completando, escreve ainda (1974, p. 217) que o ônus da prova é aquele que tem alguém de dar a ela um enunciado de fato.

Pode parecer, num primeiro momento, que a expressão ônus da prova endereça-se totalmente à figura das partes litigantes ou interessadas numa relação jurídica processual. Todavia, como assinala Rosenberg (s.d., p. 2), apesar de se referir com excelente brilho para o autor e para o réu, a questão não é bem assim, pois também consiste numa instrução dada ao juiz sobre o conteúdo da sentença que irá proferir quando não restou provado algum fato relevante para a decisão da causa.

Longe de ser um dever para as partes, o ônus da prova é um instituto que irá ditar regras para o magistrado fundamentar legalmente sua sentença diante da existência de fatos afirmados e não provados, já que agora não pode mais proferir um *non liquet* tal como existia no direito romano.

Como é somente na sentença que o magistrado irá averiguar se ficou improvado algum fato no processo, resulta que o instituto do ônus da prova somente servirá de base para um julgamento quando, pela obviedade, não existe prova nos autos acerca de algum fato, e terá por momento o ato do pronunciamento jurisdicional de mérito.

Pode-se dizer, também, que não cabe ao juiz indagar quem provou o que num primeiro momento. Estando provados os fatos relevantes para a solução da controvérsia, tanto faz que eles tenham sido realizados pelo autor ou pelo réu, isto porque, como ensina Barbosa Moreira (1984, p. 181), "A prova do fato não aumenta nem diminui o valor segundo haja sido trazida por aquele a quem cabia o ônus, ou pelo adversário". Assim, trazida por uma das partes a prova que corrobora as alegações do adversário, deverá o magistrado valorá-la como sendo prova dos fatos da causa, favorecendo aquela das partes que anteriormente tinha afirmado o fato que restou provado.

A expressão ônus da prova corresponde, portanto, às regras distributivas de ônus processuais entre as partes referentes à subministração da prova, sendo, pois, de acordo com Plósz, citado por Rosenberg (op. cit., p. 1), "una regla de aplicación de los preceptos juridicos"

2.1.2. Origem

Antes de se adentrar nas várias teorias acerca do ônus da prova, mister se faz, à guisa de intróito, percorrer sua manifestação no processo primitivo onde teve seu berço.

E é no direito romano que as teorias mais se espelham, posto plantar naquele período não só a base do direito probatório mas quase todo o direito.

2.1.2.1. Antigo processo romano

O processo romano não separava as regras de direito material das de direito processual. Contudo, conheceu três sistemas processuais: a) o das *legis actiones*; b) o formulário; e, c) o extraordinário ou *extra ordinem*. Eram tempos rudes e sem organização política, se consagrando a iniciativa privada, na qual a razão dos mais fortes preponderava sobre a dos fracos, independentemente da dignidade de cada qual. Porém, com o passar dos tempos, aquela acabou por perder terreno dando ensejo ao surgimento da justiça estatal.

2.1.2.1.1. Legis actiones.

O período das *legis actiones*, ou processo das ações da lei, foi o mais primitivo dos três sistemas. Talvez por causa desse caráter primitivo e rudimentar a doutrina alega não haver qualquer contribuição importante para o direito atual. Entretanto, esse período é fruto da Lei das XII Tábuas.

Apesar de ter superado a guerra privada ou o duelo, manteve esse período, contudo, a vingança, não porém como forma de solucionar as demandas mas como desforço individual.

O formalismo era a característica mais importante do procedimento. Assim, "se o reivindicante dum vinhedo utiliza a palavra *vites*, vinhedos e não *arbores*, árvores, perderia a ação de reivindicação porque deixara de usar a palavra usada no texto da lei: *arbores*", como esclarece Abid Neto (1982, p. 96).

O procedimento consistia em duas fases: *in iure* e *in iudicio*.

A fase *in iure* se consubstanciava numa audiência de composição dos litigantes frente ao magistrado, os quais declinavam sua pretensão com palavras e gestos solenes.

Negando o réu o pedido, passava-se da fase anterior para a fase *in iudicio*, da qual o magistrado não participava, pois tinha uma função muito limitada. Nesta fase, as ações eram encaminhadas para o *iudex*, que era um simples cidadão, um árbitro, escolhido de comum acordo pelas partes, em contraposição aos magistrados que podiam ser não só os pretores como os próprios reis, os cônsules, nos municípios decênviros (*stilibus judicandis*) e nas províncias os propretores ou procônsules (Corrêa de Meira, 1983, p. 244).

Tratava-se da fase mais antiga da *legis actiones*, em que a afirmação do autor colocava o réu na posição de se defender frente ao árbitro.

Micheli, segundo Karam (1981, p. 90), esteado nas investigações de Betti e Publiese sobre o conceito primitivo da *actio*, chega à conclusão de que cabia ao réu provar à sua própria inocência perante o árbitro. A demanda do autor era uma acusação contra o demandado, imputando haver cometido um ato contrário aos costumes locais: o acusado responde e trata de se justificar da melhor forma possível, oferecendo ao acusador os elementos para persuadi-lo da própria inocência.

Expostas pelas partes suas razões perante o árbitro e propostas as provas, este sentenciava: condenava ou não.

Se houve condenação, a qual poderia consistir num pagamento em dinheiro ou no corpo do condenado, conforme a pena de talião, proceder-se-ia a uma segunda fase: *legis actios per manus iniectionem* - ação da lei para pôr a mão no devedor - já que o árbitro não tinha poderes para fazer cumprir a sentença, uma vez que era um simples cidadão.

Ao árbitro era reconhecido um amplo poder de valoração das provas, podendo até levar em conta na sentença a conduta das partes, não no sentido processual, mas no sentido de qualidades sociais e pessoais. A esse propósito, cumpre trazer à colação uma passagem de Gelio narrada no II Colóquio Ítalo-Brasileiro de Direito Romano e referida por Karam (op. cit., p. 91):

"As provas favoreciam amplamente o acusado, que era porém uma pessoa de má fama, vida desregrada e torpe, pleno de perfídias e de fraudes, ao contrário do demandante, que era um homem muito bom, de reconhecida e comprovada boa fé, e de vida irreprochável, atribuindo-se a ele muitos e destacados exemplos de probidade e de nobreza: *petebatur apud mepecunia, quae dicebatur data numeratque; sed qui petebat, neque tabulis neque tetibus id factium docebat et argumentis admodum exilibus nitebatur. Sed eum constabat virum esse ferne bonun notaeque es expertae probitatis sinceritatis que eius expromebantur, illum autem, undepetebatur, hominem esse num bonae rei vitaque turque et sordida convictunque volgo in mendaciis plenumque esse perfidiarum et fraudum ostendebatur.*"

Destarte, se houvesse falta de provas, a questão sem dúvidas se decidiria exclusivamente em razão da conduta social ostentada pela parte na comunidade.

Duas são, portanto, as características desse procedimento na fase das *legis actiones* que se pode tirar de Gelio, nas palavras de Micheli (1961, p. 16): "Como he señalado [...] ha conservado durante todo el período clásico um significado metajurídico, estando de acuerdo, por lo demás, con la primitiva concepción del proceso, entendido como medio de tutela privada controlado por el Estado en que, por conseguinte, la iniciativa de la parte era preponderante. La misma figura moral de las partes adquiere, por tanto, un notable valor, y es probable que en sus opiniones los propios *jusperitos* la tuviesen en cuenta".

Por outro lado, se ambas as partes fossem idôneas ou inidôneas, razão caberia ao demandado como está em Karan (idem, ibidem):

"[...] ut si quod interduos actum est, neque talibus neque testibus planun fieri possit, tunc apud iudicem, qui de ea recognosceret, uter ex his vir melior esset, quareretur et, si pares essent, seu boni pariter seu mali, tum illi, unde petitur crederetur ac secumdum eum iudicaretur".

Vê-se assim, em suma, que o ônus da prova recaía sobre a pessoa do autor quanto a suas afirmações e, por outro lado, na pessoa do réu quanto a suas negações. De outra banda, em caso de negativa de provas, isto é, se não houvesse provas a produzir, ou mesmo que houvesse e ambas fossem contraditórias, decidia-se a favor do "acusado", salvo conduta desregrada de uma das partes, caso em que se decidia contra esta.

Foi com a *legis actio sacramento in rem*, também chamada *legis actio per sacramentum*, um dos tipos de tramitação das *legis actiones*, que se passou do "sistema primitivo ao sistema tipicamente romano da igualdade das partes frente ao juiz e da plena liberdade desta na valoração dos meios de prova" consoante anota Karam (idem, ibidem). Raphael Corrêa de Meira (1983, p. 241) explica esta modalidade de procedimento:

"Nesta ação, cumpria às partes depositar em juízo uma soma de dinheiro (*sacramentum*). Esse depósito era feito em mãos do pontífice e seria perdido pela parte vencida em favor do culto público. A parte vencedora nada perdia. Tal ação era empregada para fazer valer o direito sobre uma coisa, ou para exercer uma atividade contra uma pessoa. As partes discutiam os seus direitos por meio de um diálogo, na presença de um magistrado. Afinal, intervinha o magistrado, pondo fim ao que representava um verdadeiro combate simulado. Esta ação figurou como ação ordinária do tempo, pois era cabível que houvesse dúvida sobre a modalidade aplicável ao caso".

A questão distributiva do ônus da prova, face ao amplo poder discricionário do juiz, era atribuída a uma das partes. Com base nas regras de experiência e eqüidade lançava o magistrado uma ordem determinando a qual das partes incumbia a prova, autor ou réu, porém sempre tinha em vista o caso concreto e particularizado, onerando aquela parte que em melhores condições estava para produzir a prova.

2.1.2.1.2. Período formulário. No sistema formulário, usado em Roma cem anos antes de Cristo, foram mantidas as duas etapas do período da *legis actiones* - *in iure e in iudicio* - e o julgador permaneceu com plena liberdade para a valoração das provas produzidas pelas partes.

Como o próprio nome já diz, consistia o período em fórmulas que continham cada caso previsto, na qual o magistrado num primeiro momento as fixava, a fim de o árbitro sentenciar num segundo momento.

Menos formalista que o sistema anterior, existiam tantos números de fórmulas quantas fossem as ações.

Cabia ao autor, perante o magistrado, escolher a fórmula desejada para a ação. Era a *intentio*, o elemento essencial da peça: "É externação da pretensão do demandante e que é registrada sob essa epígrafe na fórmula, já no encerramento da primeira fase. Eis um modelo: "árbitro, se for sentenciado que N deve cem asses a M, condena N a pagar cem assez a M" (Abib Neto. 1982, p. 98).

O réu, por sua vez, após ser notificado para a demanda, contestava ou alegava uma exceção. Era a *exceptio*. Não tratava-se de uma negação geral dos fatos deduzidos pelo autor, era, pelo contrário, segundo Micheli (1961, p. 17), "la defensa mediante la cual el demandado discutía la eficacia jurídica de los efectos de la condena referiéndose a hechos irrelevantes para el *ius civile* y a circunstancias no previstas por el derecho pretorio, por lo que estaba obligado a afirmar los hechos mismos ya que de otro modo no se los podía tener en cuenta en la fórmula".

Seguia-se após a *condemnatio*, na qual as partes produziam suas provas. O autor com a carga primária, a fim de provar o fundamento da *intentio*, e o réu com a carga secundária, para justificar a exceção, se acaso não houvesse admitido anteriormente como verdadeiro os fatos do autor ou ter confessado a respeito. Após a apreciação das provas pelo árbitro, havia uma condenação ou absolvição.

Muito embora o juiz como árbitro se perguntasse, em cada caso, dado ao teor da fórmula, o que é que se deve provar a fim de que vença uma ou outra parte, fixando eqüitativamente o quanto de *exceptio* e *intentio* para poder julgar e quem deveria suportar o dano pela falta da prova, assevera Micheli que tais regras não passavam de "indicaciones de conveniencia", já que a distribuição do ônus da prova nesse período não tinha nenhum valor jurídico e não se podia falar de uma *necessitas probandi*.

2.1.2.1.3. Sistema processual extraordinário. É nesta fase do sistema processual romano que desapareceu a bipartidação do procedimento - *in iure e in iudicio* -, dando origem a importantes inovações no processo.

Também conhecido como *cognitio extra ordinem*, eis que a ordem até então pertencia ao sistema formulário, Diocleciano começou a nomear juízes os governadores da Província do Império, já que o julgamento das causas foi afastado dos árbitros, pessoas leigas, para ser proferidas por especialistas, ganhando o processo, assim, uma característica publicista.

Como fontes de prova foram admitidos os documentos, os depoimentos de testemunhas, a presunção, o juramento e a confissão, sendo que esta última, aliás, passou a ser a rainha das provas.

Abib Neto (op. cit., p. 98) aponta as características desse sistema: a) não se estrutura em preenchimento de fórmulas; b) não se submete a regras que determinavam dias e lugares para a contra-prestação da justiça; c) era submetido à administração dum funcionário estatal; d) poderia cursar à revelia.

No campo probatório, além da inovação das fontes, importantes modificações surgiram: a valoração das provas, que anteriormente era livre, passou a ser vinculada. Conforme Karam (op. cit., p. 93), "As provas que fossem por lei reputadas sem qualquer valor não podiam ser admitidas e, das admissíveis, era dito de antemão o que valiam.

Já no que diz respeito à carga da prova, foram fixadas certas regras e se determinou quem as devia produzir, impondo parte contumaz as conseqüências da falta. Consoante Micheli (op. cit, p. 21), "La noción de *necessitas probandi* es verdaderamente legitima cuando la ley pone a cargo de la parte inactiva las consecuencias dañosas de la falta de la prueba, mientras la contraparte no se encuentra absolutamente forzada a aducir pruebas (ya sea en orden a la prueba contraria ya sea en orden a la excepción), mientras el adversario no haya demonstrado la propria *intentio*."

São, destarte, verdadeiras regras acerca da carga da prova. É a legítima noção da *necessitas probandi*. Ainda conforme Karam (op. cit., p. 94), "a lei impõe à parte inativa as conseqüências danosas da insuficiência de provas".

O árbitro antes podia proferir um julgamento *non liquet*, isto é, deixar de julgar sob o fundamento de não haver provas nos autos. Tal faculdade não foi alcançada pelos juízes, já que era incompatível com a função pública que passaram a exercer.

Segundo Micheli (1970, p. 22), a *jurisdictio* significava agora *jus dicere* em todo o caso, ou seja, o juiz deve pronunciar a sentença de acordo com a lei e a eqüidade.

Sem dúvida alguma, essa fase foi a semente de todo o processo civil moderno.

2.1.2.2. Primitivo sistema probatório germânico

Tal qual ocorreu na fase mais antiga do processo romano, o ônus da prova também incumbiu ao demandado no primitivo sistema germânico. Dessa forma, como informa Batista Lopes (1972, p. 18), "o processo não era entendido como uma pretensão do autor deduzida em juízo, mas sim um ataque seu contra uma injustiça cometida pelo réu". O ônus da prova consistia no juramento deste, de acordo com Micheli (1961, p. 25):

"El juez decide con la sentencia de prueba quién deve jurar, y la prestación del juramento importa sim más la victoria del que jura; así ocurre en el juicio de Dios y, en general, con aquellas pruebas formales, consubstanciales al proceso primitivo germánico, como lo había sido al proceso romano. La prueba corresponde de ordinario al demandado, por lo que se dice que, dado su carácter formal, la prestación de ella pone a dicho demandado en una posición de ventaja, a la que incluso se querria vincular un derecho, no una posición de disfavor, un peso".

Do encontro do direito romano com o direito germânico, favorecendo a atividade das partes no processo, as regras de experiência, que num tempo guiavam a elaboração lógica do juiz, acabaram adquirindo não somente valor de verdadeiras regras legais como também fixaram o conceito de *onus* e *necessitas probandi*.

Todavia, tendo prevalecido o dogma romano-canônico da carga da prova, a concepção germânica pouco a pouco debilitou-se, até por fim extinguir-se.

2.1.2.3. Escola de Bolonha

O aforisma *iudex debet judicare secundum allegata et probata* (o juiz segundo o alegado e provado) adveio da Escola de Bolonha. É nesta fase que se consagra o princípio germânico de que deve sucumbir aquela parte que deixou de provar o fato incerto. Karam (op. cit., p. 96) informa: "Nasce assim por obra dos glosadores e em parte, ainda, por obra dos pós-glosadores, a regra que, sob a guia das fontes romanísticas, pretendem estabelecer que fatos deve demonstrar o autor e quais o réu". Como anota Augenti, *apud* Karam (ibidem), "forma-se pois a teoria da repartição do ônus da prova no processo".

Pergunta Karam (ibidem) quais os fatos que deviam ser provados: "Cada parte deve provar os fundamentos da própria *intentio ou fundamentum intentiones*, como dizia Bartolo, e por isso o princípio vale ao demandado, a quem cabia demonstrar a verdade dos fatos expostos respectivamente como fundamento da exceção. Em resumo: o objeto da prova era o pressuposto fático previsto na norma que se devia aplicar. E com este critério combina-se aquele outro de que *actore non probante reus absolvendus*, ensinamento que se encontra também na prática mais tardia e nos umbrais do século XIX".

2.1.2.4. Os brocardos romanos

Como se pode observar até o momento, foram os romanos os primeiros estudiosos do instituto do ônus da prova.

Apesar de não haver uniformidade da distribuição do ônus da prova, era clara a distinção entre *intentio* e *exceptio*, isto é, afirmação de fatos constitutivos de um lado e afirmação de fatos modificativos e extintivos de outro.

Embora a distinção constitua a base do direito moderno, os brocardos até então utilizados são hoje postos

em dúvida, sob a alegação de que não solucionam todos os problemas emergentes da aplicação do instituto do ônus da prova, já que são colocados em termos gerais. Eram estes os brocardos utilizados para a solução da distribuição do ônus da prova:
necessitas probandi incumbit ei qui agit;
affirmanti non neganti incumbit probatio;
allegatio non probatio quasi non allegatio;
reus in excipiendo ficto acto e actore non probante reus absolvitur.

Para João Batista Lopes (1978, p. 149), o princípio *necessitas probandi incumbit ei qui agit* se não é de todo inexato não resolve grande número de problemas, quando o réu, na sua defesa, sem negar o fato principal acrescenta outro, que modifica ou elide aquele.

A crítica, porém, não procede, eis que o réu na *intentio* alega um fato modificativo estaria propondo em juízo, devendo assim fazer a prova de sua afirmação. Não muito diverso desse entendimento é do de Munir Karam (1981, p. 94): "se o réu oferecesse uma exceção de pagamento, *non numeratas pecuniae* ou *non adimpleti contractus*, cabia-lhe fazer prova de sua afirmação, porque tais fatos jurídicos tendiam a modificar ou extinguir a sua obrigação".

Já a regra *affirmanti non neganti incumbit probatio*, baseada na lição de Paulo - *ei incumbit probatio qui dicit, non qui negat* (Dig. L. 2, De *probat, et de praesumpt*, XX, 3) - que por sua vez, se transformou no princípio *negativa non sunt probanda*, tendo surgido para temperar o duro preceito que vedava ao juiz avaliar livremente a inatividade da parte, a quem cabia o ônus da prova, como informa Augenti, *apud* Karam (op. cit., p. 97), razão assiste a João Batista Lopes (1972, p. 18) quando assevera que a mesma nem sempre é verdadeira cujo fundamento se verá no transcorrer do presente estudo.

Todavia, é de bom alvitre corroborar a prescrição das Ordenações Filipinas, acerca da errônea interpretação do aforisma anterior, demonstrada também pelos processualistas modernos: "posto que seja a regra que a negativa se não pode provar, e por conseguinte se não pode articular, esta regra não é sempre verdadeira; porque bem se pode provar se é coarctada a certo tempo e certo lugar, e bem assim se pode provar se é negativa que se resolve em afirmativa e pode-se ainda provar a confissão da parte feita no depoimento" (L. II, tit. 53, parág. 10, *apud* João Batista Lopes, 1978, p. 148).

Por outro lado, o brocardo *allegatio et non probatio quase non allegatio* demonstra, indubitavelmente, a afinidade entre o ônus da prova e o ônus da afirmação.

Actore non probante, reus absolvitur decorre da regra de que se as partes da fórmula não fossem provadas *in iudicio*, o *iudex*, árbitro, proferia um *non parte* e absolvia o réu. Porém, com acerto, João Batista Lopes coloca em dúvida o preceito ao afirmar que se o autor deixar de fazer a prova mas outrem o fizer, deve se aceitar a prova com se do autor fora.

Apesar das severas críticas que receberam, sem dúvida alguma as máximas romanas têm ainda uma notável importância nos dias de hoje, sobretudo na construção da teoria da distribuição do ônus da prova.

2.1.3. Critérios de distribuição

Apesar de Pontes de Miranda asseverar que o ônus da prova começa antes de qualquer demanda, isto é, preexiste a ela, já que o credor pode, por exemplo, possuir uma declaração de crédito em relação ao devedor, na qual não haja necessidade de interposição de qualquer demanda pelo fato do adimplemento espontâneo da obrigação, sua utilização processual é a mais importante.

Os juristas ainda hoje procuram um critério prático que conduza à repartição de forma precisa. Na verdade, nega-se a possibilidade de formular um fundamento geral que sirva de base aos vários critérios propostos. É tal qual afirmou Lopes da Costa (1943, p. 271): "A distribuição do ônus da prova não encontra assim, nem na lei, nem na doutrina, um princípio geral". É, fora de qualquer dúvida, o problema mais complexo e complicado de toda esta matéria (Couture, 1946, p. 160). Porém, Hamm, citado por Rosemberg (s.d., p. 55), afirma que "es correto afirmar que la teoria de la distribuición de la carga de la prueba es la espina dorsal del proceso civil", pois chega a obedecer a princípios e critérios próprios, diversos de outros institutos processuais, tendo por destinatário não só o juiz, mas também as partes; enfim, é na essência a base de toda e qualquer pretenção formulada em juízo por uma questão muito simples: tem por objeto os fatos e as afirmações das partes.

2.1.3.1. Actori incumbit onus probandi

A primeira regra que salta aos olhos de quem deve provar o que diz respeito, conforme o objeto da prova, à afirmação dos fatos.

Por uma lógica palmar, o primeiro critério estabelecido para a distribuição do ônus da prova é o de que a quem afirma cabe provar. Conforme Amaral Santos (1952, p. 95), "Incumbe o ônus da prova a quem diz, ou afirma, ou age". É a derivação da máxima romana: *actori incumbit onus probandi*, já que o autor é a primeira pessoa que vem a juízo, é o primeiro que afirma e, assim, o primeiro que deve provar.

Contudo, a regra sofre exceções quando se trata de determinados fatos que pela lei independem de provas, já vistos anteriormente.

2.1.3.2. Ei qui agit onus probandi incumbit

O segundo critério, que já recebeu crítica de João Batista Lopes, também aqui o sofre de Lopes da Costa.

Com efeito, significando a expressão, segundo este autor, como a atividade da parte, seja requerente ou requerido, que afirma a existência de um fato independente do qual deriva conseqüências jurídicas, falta a ela critérios para se estabelecer os limites da distribuição do ônus da prova: "Se ao autor cabe provar o fato jurídico, origem de seu pedido, logicamente lhe compete demonstrar não apenas a existência dos elementos causativos da relação jurídica, mas também a inexistência de condições impeditivas da formação do direito", e exemplifica: "suponhamos um contrato de compra e venda e a demanda do comprador para a entrega da cousa vendida. Logicamente, o autor deveria provar: a) ser capaz; b) que o réu estava nas mesmas condições; c) que o objeto da venda não era cousa inalienável...". Como pode se observar novamente, não só a regra é inexata como também não resolve muita coisa.

2.1.3.3. Ei incumbit probatio qui dicit, non qui negat

Constituindo a pedra angular do sistema processual romano, a máxima *ei incumbit probatio qui dicit, non qui negat* ou *per rerum naturam factum negantis probatio, nulla est*, na verdade nem sempre é verdadeira e, às vezes, conforme Pontes de Miranda, chega a ser mais perigosa do que útil.

Já ao tempo das Ordenações, a doutrina em alguns países opôs resistência ao preceito, eis que havia algumas negativas que resultavam em afirmativas.

O certo, entretanto, é que se trata de dois princípios que se reúnem: o ônus da prova cabe a quem afirma, não a quem nega; é impossível a prova da negativa.

Para Lopes da Costa (1943, p. 265), a bipartição do preceito na Idade Média é incorreta, pois, pelo primeiro - a quem afirmou cabe o ônus de provar a afirmação -, se constitui numa faculdade, uma "condição que a parte podia livremente ter afastado. Não era obrigada a afirmar", o que não é exato, já que nas diversas legislações à parte é imposto o ônus de afirmar determinados fatos, como se pode ver do art. 158 do CPC de 1939: "A ação terá início por petição escrita, na qual [...] serão indicados: [...] III - os fatos e os fundamentos jurídicos do pedido". Igual dispositivo consta no inciso III do art. 282 do CPC de 1973.

A segunda interpretação da divisão, com efeito, é de todo inexplicável. Pontes de Miranda (1974, p. 214) chega a aplicar tabelas de função de verdade para por abaixo todo o preceito: "Mas que é negativa? 'Morreu', isto é, 'Não vive mais', 'Não morreu', isto é, 'Não (não vive mais)', - qual delas afirma ou nega? Rosa branca, rosa vermelha, - qual é a negativa? Se A propõe ação declaratória da não existência de determinada relação jurídica ou de duas ou mais relações jurídicas. A afirmou ou negou?".

Maritain, citado por Lopes da Costa (1943, p. 266), explicando as tabelas de função de verdade, assevera que "quando duas proposições são opostas e que, por meio da partícula de negação, uma equivale a outra, são equipolentes."

Lopes da Costa chega até a exemplificar expressões equipolentes: ser capaz e não ser incapaz; ser maior de idade e não ser menor de idade; ser nacional e não ser estrangeiro; ser coisa móvel e não ser imóvel etc.

Exemplifica também Alfredo Buzaid, transcrito por Karam (1980, p. 54), uma ação em que o fundamento da demanda do autor constitui um fato negativo: "assim que, na *condictio indebiti* (CC, art. 964), deve provar-se que aquilo que se negou não é devido. Na ação de indenização por omissão culposa, deve se provar o que não foi feito pelo réu aquilo que lhe cumpria fazer. Na ação de prescrição de servidão, deve se provar o não uso (CC, art. 710). Acontece o mesmo com as ações declaratórias negativas."

Com propriedade, não se precisa ir muito longe para exemplificar, posto que até o Direito Material exige para a incidência do elemento nuclear do suporte fático de determinadas regras a prova de fatos negativos: falta de notícias para a decretação da ausência e sucessão provisória (art. 463 e 469); na ação de petição de herança exige-se que o autor prove que no rol das pessoas elencadas no art. 1.603 ninguém sobrevenha a ele etc.

Pelo exposto, em matéria de prova de afirmações negativas não se pode ser muito rigoroso na dispensabilidade delas. Algumas podem até ser mais difíceis, outras, contudo, constituem o único fundamento da demanda.

Por outro lado, se se tomasse dito preceito de maneira absoluta, equivaleria a estiolizar todo o direito a meras aplicações de lógica formal.

2.1.3.4. Síntese das teorias de Bentham, Webber, Bethmann-Hollweg, Fitting, Gianturco e Demoge

Bentham, partindo do preceito romano de que incumbe ao autor provar o alegado, salienta que deve fazer prova em juízo a parte que tem melhores condições, isto é, aquela que teria menos incômodo, menos despesa e maior tempo disponível. Tratar-se-ia, enfim, de uma justiça franca e simples, preponderando o procedimento natural.

Criticando a teoria do filósofo inglês, assevera Moacyr Amaral Santos (1952, p. 100) que a mencionada proposta de distribuição de aplicação do ônus da prova só encontraria agasalho num sistema puramente inquisitivo, onde não houvesse qualquer poder de deliberação das partes, cabendo tão somente ao juiz realizar a divisão da carga.

Na síntese de Soares Farias, corroborada por Moacyr Amaral Santos, se consubstanciaria a teoria de Webber em incumbir a prova a quem pleiteia um direito ou uma liberação em relação aos fatos ainda incertos, ou seja, caberia a prova das condições essenciais para fundamentar o direito, isto é, a sua origem.

Aproximando-se da teoria de Webber, assinala Bethmann-Hollweg que o princípio fundamental de sua tese está na expressão máxima de que àquele que afirma um direito cabe provar sua existência.

A teoria de Fitting, conforme Amaral Santos (1952, p. 102), pode ser resumida da seguinte forma: a) os fatos não provados são como se não existissem (*allegare nihil et allegatum non probare paria sunt*); b) são os fatos, não o direito, o objeto da prova e do ônus dela (*ex facto oritur jus*); c) o ônus da prova não é um dever jurídico, mas apenas uma obrigação no sentido de interesse ou necessidade prática de provar, a fim de que o juiz possa considerar o fato como existente.

É de João Batista Lopes (1972, p. 20) o resumo da teoria de Gianturco: "cabe o ônus da prova a quem dela auferir vantagens". A distribuição se resolve com a vantagem ou não de produzir determinada prova; ninguém provará se não auferir vantagem. É, como diz Moacyr Amaral Santos, "a lei do mínimo esforço", que informa o egoísmo humano.

A teoria de Demoge, informa Amaral Santos (1952, p. 103), se resume em duas regras: a) o que prova não é obrigado a estabelecer todas as condições necessárias a existência de seu direito, deve somente provar as condições que o tornam verossímil. Não é obrigado, dizendo-se credor, a prova que é credor sem dolo, violência etc., por serem estes fatores excepcionais; b) a obrigação da prova deve ser, em cada caso individual, imposto àquela das partes que a pode desempenhar com menos incômodo, isto é, menos detalhes, vexames, despesas etc. Resulta, assim, que a teoria tem por base o princípio da solidariedade das partes e não o da independência delas.

2.1.3.5. Os modernos processualistas

Partindo dos critérios traçados pelo direito romano e na trilha da doutrina clássica, procuram os processualistas modernos uma regra geral para distribuir o ônus da prova entre os litigantes.

Para Mortara, o critério da distribuição do ônus da prova resulta no interesse que tem a parte em produzi-la, de cujo entendimento não foge Chiovenda. Todavia, para este, conforme citação de Amaral Santos (1952, p. 104), é difícil formar uma regra geral de distribuição, como também o é dar uma justificação racional. Mas, como quer que seja, "o ônus de afirmar e provar se reparte entre as partes, no sentido de que é deixado à iniciativa de cada uma delas provar os fatos que desejam ser considerados pelo juiz, isto é, os fatos que tenham interesse sejam por este tidos como verdadeiro."

Carnelutti (1959, p. 204) assenta sua teoria no objeto da prova: "el reparto de la carga de la prueba se regula a tenor del principio de que la prueba del hecho debe darla aquella parte que tiene interés en afirmar su existência en cuanto le es favorable su efecto juridico." Cabe assim provar quem tem interesse em afirmar, ou seja, quem apresenta uma pretensão cumpre provar os fatos constitutivos e quem fornece a exceção cumpre provar os fatos extintivos, impeditivos ou modificativos.

Já para Betti, transcrito por Amaral Santos (1952, p. 105), a repartição do ônus da prova segue a repartição do ônus de afirmar e da demanda, que se inspira no critério da igualdade entre as partes. "O critério da distribuição do ônus da prova deduzida do ônus da afirmação evoca a antítese entre ação, no sentido lato, e exceção, também no sentido lato, a cujos ônus respectivos se coordena o ônus da afirmação para os fins de prova. O ônus da prova - é útil insistir - é determinado pelo ônus da afirmação e este, por sua vez, é determinado pelo ônus da demanda, que assume posturas diferentes, apresentando-se da parte do autor, como ônus da ação, e, da parte do réu como ônus da exceção". Segundo Batista Lopes (1972, p. 20):

"Partindo-se do critério adotado por Betti, chega-se à seguinte divisão do ônus da prova: a) os fatos constitutivos: sua prova incumbe, de regra, ao autor, porque são fatos que constituem fundamento de sua pretensão, ressalvando-se ao réu o direito à contestação. Trata-se, afinal, de um critério de justiça e de razão, pois evita a propositura de ações sem a existência de elementos probatórios razoáveis, o que exporia a parte adversa à difícil situação de medir as afirmações do autor; b) fatos extintivos ou modificativos: a prova dos fatos modificativos ou extintivos incumbe ao réu, posto que seria extremamente difícil ao autor, em certos casos, subministrá-la."

Em suma, ao autor cabe provar os fatos constitutivos de seu direito e ao réu os fatos modificativos, extintivos e impeditivos, posição esta, aliás, aceita pelo CPC pátrio.

Para Micheli, sintetizando, a repartição do ônus da prova deve ser dada em relação ao caso concreto. Deve ela ser deferida pela posição da parte relativamente ao efeito jurídico que pretende conseguir. Não há assim uma regra geral para o ônus da prova.

2.1.3.6. *O CPC pátrio*

O legislador instrumental brasileiro, tanto o de 39 quanto o de 73, inspirou-se na doutrina que procura distinguir os fatos em constitutivos, impeditivos, modificativos e extintivos.

É, em linhas mais ou menos tortas, o que o direito romano fazia na distribuição do ônus da prova, alicerçada sob o prisma da igualdade das partes, que cabia ao

autor provar o fundamento da *intentio* (fatos constitutivos) e o réu da *exceptio* (fatos impeditivos ou extintivos).
Tudo isso porque a doutrina, embora por caminhos diversos, chegou à conclusão que o demandante deve provar o fato constitutivo de seu direito, enquanto o demandado prova o fato impeditivo, modificativo e extintivo.
Sumariamente, os fatos constitutivos têm a eficácia de constituir a relação litigiosa, dar-lhe vida; os extintivos fazem acarretar a extinção daquela relação; os impeditivos impedem a eficácia do ato constitutivo do direito do autor; os modificativos dão nova feição a este e, pois, à relação litigiosa.

2.1.4. Ônus subjetivo (formal) e objetivo (material)

O primeiro grande problema herdado pela doutrina austríaca e germânica com referência ao ônus da prova adveio do processo romano comum: o ônus objetivo da prova.
Durante muito tempo apenas se cogitou do ônus subjetivo ou formal. Julius Glaser, no ano de 1883, num estudo de processo penal, foi quem começou a fazer a distinção entre ônus subjetivo e objetivo da prova.
Nessa mesma época, Adolph Dieterich Weber, conforme transcrição de Rosenberg (s.d., p. 17), com uma exposição mais lograda e prestigiada, já levava em seu título palavras muitas vezes repetidas: "Sobre la obrigación de sumnistrar la prueba en el proceso civil. Sólo se pregunta: quién debe probar, o quién está obligado a probar, y únicamente se piensa en la necesidad jurídica de las partes, de sumnistrar la prueba de sus afirmaciones, esto es, en los actos de parte que se originan en esa necesidad".
Todavia, os processualistas austríacos, com grande relevo para Leo Rosenberg, aperfeiçoaram a doutrina e

criaram as denominações mais acertadas do ônus objetivo e subjetivo da prova.

O problema do ônus da prova, na síntese de Alfredo Buzaid, referido por Karam (1980, p. 53), apresenta duas facetas:

"uma voltada para os litigantes, indagando-se qual deles há de se suportar o risco da prova frustrada; é o aspecto subjetivo; e outra, voltada para o magistrado, a quem deve dar uma regra de julgamento. É o aspecto objetivo. O primeiro opera geralmente na ordem privada; o segundo, porém, é um princípio de direito público, intimamente vinculado à função jurisdicional. O primeiro constitui uma sanção à inércia, ou à atividade infrutuosa da parte; o segundo, ao contrário, é um imperativo da ordem judiciária, que não permite que o juiz que se abstenha de julgar, a pretexto de serem incertos os fatos, porque não provados cumpridamente".

Desta feita, perquire o ônus subjetivo da prova em saber a quem incumbe a carga daquela, exatamente como deriva do art. 333 do Caderno Instrumental pátrio de 1973: "O ônus da prova incumbe: I - ao autor, quanto ao fato constitutivo de seu direito; II - ao réu, quanto à existência de fato impeditivo, modificativo e extintivo do direito do autor".

Leo Rosenberg (s.d., p. 22), assinala que o ônus subjetivo da prova se manifesta essencialmente naqueles procedimentos em que vigora o princípio dispositivo. Contudo também afirma, quase como exceção, a presença do ônus subjetivo nos processos que estão governados pela máxima inquisitiva: "Es claro que puede hablar también de una carga (subjetiva) de la prueba del tribunal, quién en un procedimiento com máxima inquisitiva sólo piensa en el deber de averiguación del tribunal y no considera las consecuencias de la falta de la prueba".

Inversamente do que ocorre nos procedimentos onde prevalece a máxima dispositiva, a carga objetiva da prova só se manifesta com maior rigor nos procedimentos em que vige a máxima inquisitiva, "porque a causa del deber de averiguar que incumbe al tribunal no se impone a las partes la carga de actividad lo probatoria alguma".

Assim como a carga subjetiva da prova só se manifesta quando há falta dela para o juiz sentenciar, também o mesmo acontece quando se fala da carga objetiva. E, igualmente como ocorre na primeira, o juiz jamais pode se eximir de julgar tratando-se de ônus objetivo, daí porque uma vez faltando prova nos autos deverá ele decidir pelo ônus subjetivo.

Como não existe em nenhum sistema um princípio dispositivo ou inquisitivo puro, a relação entre a carga objetiva e subjetiva aparece somente nos procedimentos regidos pelo primeiro tipo. O que ocorre, porém, é que a carga objetiva está em relação à subjetiva em primeiro plano, posto que primeiramente se pergunta: o que se deve provar? e logo após: quem devia provar?

O certo, como já afirmou Rosenberg, é que as duas distinções das cargas de prova não possuem um alcance nem maior nem menor entre elas, isto porque se situam no mesmo plano. Porém, para Pontes de Miranda, a distribuição do ônus da prova é somente objetiva.

A propósito, a lei processual civil nacional, em seu art. 131, estabeleceu o princípio do ônus objetivo da prova: "O juiz apreciará livremente a prova atendendo aos fatos e circunstâncias constantes nos autos ...".

Não cabe ao juiz, como já afirmado, ficar perquirindo se a prova que se encontra estampada nos autos foi o autor ou o réu quem a trouxe. A questão do ônus da prova somente irá se transformar em dogma para o processo, repita-se, quando faltarem fatos relevantes que restaram incomprovados e que são necessários para o julgamento da lide. Alfredo Buzaid, citado por Batista Lopes (1972, p. 21), coloca este ponto facilmente: "Parece-nos que, nessa regra legal (refere-se ao art. 118 do CPC de 1939) foi mencionado o princípio do ônus objetivo da prova. Para decidir, o juiz tomará em consideração todos os fatos e circunstâncias constantes dos autos, sem indagar se as provas procedem de uma ou outra parte a quem tocava o ônus de sua produção, ou pela parte contrária. O essencial é saber se os fatos relevantes foram devidamente provados". O que interessa, destarte, é o que está provado, não quem provou. Provado pelo réu o fato constitutivo do direito do autor, reputa-se verdadeira a alegação deste último, e, assim, vice-versa.

Wach faz objeção à carga objetiva da prova, afirmando que ela não pode existir sem uma relação com a subjetiva, já que há sempre uma pessoa encarregada, sendo um absurdo conceber uma carga sem portador.

Leo Rosenberg, em contrapartida, assevera que carga objetiva consiste no gravame que corresponde à parte onerada e, para isto, aquele que não prova o fato vê o rechaço de sua demanda por inadmissível. Desta maneira, a carga objetiva, diz Rosenberg (s.d., p. 24), "Está en el princípio ... de la aplicación de derecho, según el cual el tribunal debe estar convencido positivamente de la existencia de los presupuestos de la norma cuya aplicación se discute. Cualquier duda con respecto a uno sólo de estos presupuestos impide que el juez reconozca la aplicabilidad de la norma ...".

De tudo que foi visto, pode-se comungar com Rosenberg quando afirma que a carga objetiva da prova contribui para a formação da carga subjetiva, pois, uma vez indagado o que se deve provar para que vença uma ou outra parte, já se estabelece após a quem prejudica sua falta.

2.1.5. Ônus da afirmação

Ao ônus da prova, preexiste o ônus da afirmação.

Se, por um lado, a sentença não pode se basear em fatos não provados, também não poderá ela, por outro, se basear em fatos não afirmados.

De igual sorte, se a falta de prova traz prejuízo à afirmação, a falta de afirmação traz prejuízo à omissão. Assim, tal qual a prova é suscetível de ônus, também o é a afirmação. Pontes de Miranda (1974, p. 212) ensina: "Cada parte tem de afirmar os fatos que sejam necessários e suficientes para que se conheça o caso da demanda judicial e se possa verificar se está compreendido no caso da lei invocada".

Da mesma forma segue Ovídio Baptista da Silva (1991, p. 82):

"O autor só poderá dar consistência objetiva a sua pretensão em juízo fazendo afirmações sobre a existência ou inexistência de fatos e a pertinência deles como elementos constitutivos do direito cujo reconhecimento o mesmo pretenda. De igual modo se o réu, ao defender-se, tiver necessidade de fazer afirmações em sentido contrário. Em determinadas circunstâncias, poderá o réu limitar-se a negar os fatos afirmados contra si pelo autor e esperar que este tente demonstrar sua veracidade. Se o réu limitar-se à simples negativa, sem afirmar, por sua vez, a existência de outros fatos que possam elidir as conseqüências pretendidas pelo autor, nenhum ônus da prova lhe caberá; se, no entanto, também ele afirmar fatos tendentes a invalidar os fatos alegados por seu adversário, então incumbir-lhe-á o ônus de prová-los".

Destarte, cabe então ao autor afirmar, tal qual o objeto do ônus da prova, o fato constitutivo de seu direito, e ao réu cabe a afirmação do fato modificativo, extintivo ou impeditivo do direito do autor.

É o que erigiu o CPC, no art. 282, inciso III, para o demandante: "A petição inicial indicará: o fato e os fundamentos jurídicos do pedido"; e, no art. 300, para o demandado: "Compete ao réu alegar, na contestação, toda a matéria de defesa, expondo as razões de fato e de direito, com que impugna o pedido do autor ...".

Pode haver casos, no entanto, em que a ação se funda em modificação, impedimento ou extinção de algum direito, como, *verbi gratia*, na ação declaratória, a qual ditos fatos, embora favoráveis ao réu, hão de ser afirmados pelo autor. Eis aí a exceção à regra.
Para Rosenberg (s.d., p. 44), o conceito de carga de afirmação corresponde ao da carga da prova, cujo objeto e alcance são praticamente iguais: "cada parte debe afirmar y, en caso de discusión, probar aquellas circunstancias de hecho de las cuales pueden deducirse los presupuestos de los preceptos jurídicos que les son favorables. Se infiere de ello que el objecto y el alcance de la carga de la prueba deben coincidir en principio".
De igual forma com que se distingue ônus objetivo e subjetivo da prova, Rosenberg (op. cit., p. 44) emprestou ao ônus da afirmação a mesma distinção: "la carga objectiva de la afirmación también ocupa el primer lugar. Pues, al tenerse en cuenta las afirmaciones de ambas as partes, y no sólo las de la parte sobre la cual pesa la carga, en general no importa en el hecho de que precisamente esta parte hiciera la afirmación, sino que basta que alguma parte la adujese. Pero cuando se omite el alegato, la decisión se dictará en contra de la parte que soportara carga de afirmación".
É portanto, mais uma distinção que em síntese se faz: qual a afirmação que falta? diz respeito ao ônus objetivo; quem devia ter afirmado? diz respeito ao ônus subjetivo.

2.1.6. Dever, direito ou carga de afirmação e da prova

Antes de mais nada, cumpre salientar que o tema em epígrafe, na acepção de Leo Rosenberg, só se verifica nos sistemas onde vigora o princípio dispositivo, ou seja, somente naqueles sistemas em que predomina a carga subjetiva da prova e da afirmação.

Por conseguinte, a primeira corrente que se lança em salientar que a carga da prova e da afirmação corresponde a um dever jurídico tem suas raízes plantadas sobre a sanção que a lei aplica à parte contumaz. Funda-se essa doutrina na idéia de que a falta de prova ou da afirmação em juízo pela parte que estaria obrigada resulta em que o fato não provado seja falso, no primeiro caso, e que a afirmação não feita equivale a fato inexistente, no segundo caso.

Contrariando, Leo Rosenberg não vislumbra aquelas conseqüências resultantes da inatividade da parte onerada. É que, para ele, se se tem num processo um fato não afirmado ou um fato não provado, isso não equivale a que o mesmo seja dado por inexistente ou até mesmo como falso.

Ora, como já mencionado e na clássica exposição de Carnelutti (1959, p. 209), o ônus da prova não equivale a uma obrigação processual da parte, pois, segundo o processualista, esta ultima há de ser entendida como um vínculo imposto à vontade para a subordinação do interesse próprio dela a um interesse público.

Juntamente com Fitting, Rispoli e Chiovenda, Moacyr Amaral Santos (1952, p. 94) também deixa bem claro em seu escólio que não se trata de um dever da parte o afirmar e provar, "mesmo porque não existe um direito que lhe seja correlato, nem propriamente qualquer sanção pelo seu não cumprimento". Pontes de Miranda (1974, p. 217) aponta muito bem a definição de dever: "o dever é em relação a alguém, ainda que seja a sociedade; há relação jurídica entre os dois sujeitos um dos quais é o que deve: a satisfação é do interesse do sujeito ativo".

O mesmo se dá para a corrente que considera existir um direito de afirmar e de produzir prova, já que para ela exsurge aquele em conseqüência da disposição que têm as partes com relação ao objeto litigioso.

Ora, a disposição do objeto litigioso não autoriza a parte, conforme se verá em capítulo oportuno, a dispor dele. Há de se fazer, neste caso, vingar a total diferença entre a disposição da relação jurídica material e da relação jurídica processual.

A terceira e última corrente, da qual a maior parte da doutrina é seguidora, se consubstancia em conceber a apresentação da prova e da afirmação dos fatos como um interesse da parte.

Consoante já salientado na definição das cargas processuais, a atividade de afirmação e de produzir provas pelas partes se manifesta exclusivamente como uma faculdade delas. É a sujeição de um interesse próprio a outro interesse próprio. Há uma sujeição do interesse consigo mesmo, daí porque Pontes de Miranda considerar a prova como um risco. É, repita-se, um interesse processual da parte para que o juiz considere na sentença a afirmação de um fato ou a prova dele, para que se obtenha vantagem em relação a parte adversa. É, pois, uma carga processual.

2.1.7. Inversão do ônus da prova

Muito havia sido questionado até o surgimento do CPC de 1973 na inversão convencional do ônus da prova.

Leo Rosenberg, ao tratar do assunto no sistema alienígena, já salientava que os contratos que regulavam a matéria, realizados pelos contratantes, eram nulos e inadmissíveis, uma vez que se tratava de uma intromissão na atividade processual do juiz e tamanha interferência não podia ser objeto de convenção entre as partes.

Os contratos a que se refere o autor eram aqueles que tinham por objeto restringir a apreciação pelo juiz de determinadas fontes de prova, convencionadas previamente pelas partes. Assim, por exemplo, estipulavam que para fazer valer um certo direito em juízo a prova era somente documental, excluindo a testemunhal etc.

Sem dúvida alguma, merece inteira razão o autor. É que esses tipos de contratos, além de convencionarem as fontes de prova, restringiam as partes contratantes a função do juiz a uma mera máquina de aplicar silogismos, posto que se uma parte apresentasse a prova pactuada, a qual seria a premissa menor para o silogismo da sentença, a ação estaria ganha. Seria puro cálculo matemático e silogístico.

Felizmente, a inversão do ônus da prova não redunda sobre a convenção das fontes, mas sim quem deve apresentá-la.

Leo Rosenberg (s.d., p. 79) neste particular concorda com a convenção, já que para ele tais contratos, "que arrojan a una o otra parte la carga de la incertitumbre de un hecho", são válidos porque as partes podem dispor do objeto deles, de sorte que os mesmos, a sua vez, não infringem o direito imperativo, citando exemplos: "en el caso en que las condiciones de seguro excluyem el deber de indenización para los accidentes provocados por negligencia grave o imponen al demandante la carga de prueba con respecto a la involuntariedad del suceso".

Durante a vigência do Código de Processo Civil de 1939 não podiam as partes convencionar sobre a distribuição do ônus da prova. Lopes da Costa (1947, p. 280) já havia profligado a respeito: "Não é lícita a distribuição convencional do ônus da prova. As partes não podem tolher ao juiz a liberdade de avaliação da prova [...] O que elas podem é dispensar de provas certos fatos, confessando-os, fictamente, como não os contestando (art. 209) ou expressamente [...]". Essa tese era seguida pela doutrina e pela jurisprudência, como observa Batista Lopes (1972, p. 22).

Foi, porém, com o CPC de 1973 que o legislador pátrio abriu as portas para as partes estipularem convencionalmente a distribuição do ônus da prova, com algumas exceções: "É nula a convenção que distribua de maneira diversa o ônus da prova quando (refere-se aí o legislador aos fatos constitutivos, impeditivos, modificativos e extintivos): I - recair sobre direito indisponível da parte; II - tornar excessivamente difícil a uma parte o exercício do direito" (parág. único do art. 333).

Pestana de Aguiar, *apud* Enciclopédia Saraiva (1977b, p. 312), salienta que "têm as partes, entretanto, a possibilidade de invertê-lo, na conformidade do teor do parágrafo único do mencionado dispositivo, e em senso contrário, sempre que se trate de direitos disponíveis e não se torne excessivamente difícil a qualquer delas, o respectivo exercício".

Passo largo nessa matéria deu o legislador do Código que regula as leis de relação de consumo, ao estabelecer a inversão do ônus da prova pelo juiz, com base na verossimilhança e regras de experiência, em prol do consumidor: "Art. 6º. São direitos básicos do consumidor: [...] VIII - a facilitação da defesa de seus direitos, inclusive com a inversão do ônus da prova, a seu favor, no processo civil, quando, a critério do juiz, for verossímil a alegação ou quando for ele hipossuficiente, segundo as regras ordinárias de experiência" (Lei nº 8.078, de 11 de setembro de 1990).

De outra banda, vê-se ainda pelo inc. VI, do art. 51, da mesma legislação, ser inaplicável o parágrafo único do art. 333 do CPC na hipótese de que a convenção faça recair o ônus da prova na pessoa do consumidor.

2.1.8. Natureza jurídica

Muitas têm sido as discussões sobre a natureza jurídica a que pertencem as regras relativas ao ônus da prova. Vários autores têm-na considerado como pertencente ao direito civil, isto porque o litígio tem por objeto uma pretensão jurídica resultante deste campo do direito. Outros, que são a maioria, posicionam-se no sentido de que as regras relativas à carga da prova pertencem ao direito processual civil.

Leo Rosenberg (s.d., p. 71), partidário da segunda corrente, afirma em seu escólio que "la carga de la prueba es un princípio procesal, que sólo en el proceso existe la prueba..." Idêntica é a opinião de Kisch, referido pelo mesmo Rosenberg (ibidem), quando afirma que se determinado princípio entra para a esfera do direito processual a ele pertence.

Embora a segunda corrente trata a matéria como sendo de ordem processual, não esquece parte dela, do qual, conforme Amaral Santos (1952, p. 46), Chiovenda faz parte, que muitas leis reguladoras se encontram estampadas no direito material. Para ele, as regras distributivas do ônus da prova estão divididas entre os códigos civil e comercial, de um lado, e o código de processo civil, de outro; entretanto, por aqueles códigos ficam reguladas as fontes de prova admissíveis e por este último o processo probatório.

Lopes da Costa (1943, p. 263), após perfilhar no Diploma Substancial algumas regras relativas à carga da prova (arts. 338, 953, 957 etc.) faz a seguinte distinção: "Uma cousa é determinar as condições necessárias à origem, à transmissão e à extinção dos direitos e outra, bem diversa, a de distribuir entre as partes o ônus da prova relativa àquelas condições".

Vê-se assim que, para o campo relativo da natureza das normas sobre provas, há uma relação intensa entre o direito substancial e o direito adjetivo, não se sabendo às vezes ao certo a qual dos ramos as mesmas pertencem. Afirma Ugo Rocco, segundo Amaral Santos (1952, p. 49), que "Essas relações são estreitíssimas, nem podiam deixar de ser, visto que o direito civil, o direito material, fornece ao direito processual a matéria e o conteúdo".

Em face de estar espraiada a matéria, surge então uma terceira corrente que se pode chamar de eclética, na qual, entre os estrangeiros, se situa Carnelutti e, entre os nacionais, Pontes de Miranda.

Carnelutti, com muita propriedade, assinala que existe uma certa promiscuidade no instituto do ônus da prova entre o direito civil e o direito processual, isto porque há aquela dependência entre um ramo e outro, não se sabendo ao certo onde se situam as mais importantes normas probatórias.

Já Pontes de Miranda (1958, p. 283) ressalta que a natureza de tais regras redunda em se saber de qual o ramo do direito vai partir a regra que irá incidir, afirmando, porém, que ela não será nem de direito material nem de direito processual, posto que a existência do ônus é comum aos dois ramos do direito.

2.1.9. Fundamento da distribuição

Constituindo a espinha dorsal do direito probatório e chegando até mesmo a ser considerada como um ramo à parte no processo segundo Ovídio Baptista, na opinião de Wach, referida por Rosenberg (op. cit., p. 85), "la distribución adecuada y prudente de la carga de la prueba es una de las instituciones más necesarias o por lo menos más deseables del orden jurídico".

Porém, o primeiro problema que surge quando se tenta fundamentar a distribuição do ônus da prova, diz Rosenberg, reside nas seguintes perguntas: Por que toda a carga da prova não recai no autor da demanda? Por que o réu tem de participar das conseqüências da falta da prova? E responde: se assim o fosse, se chegaria a um total estado de insegurança jurídica, já que se entregaria o direito à boa vontade do réu.

Todavia, seja como for, alguns têm o fundamento do ônus da prova como sendo o princípio dispositivo.

Apesar de ser objeto do capítulo seguinte, o princípio dispositivo, também chamado de máxima dispositiva, não pode constituir o único fundamento do ônus da prova. É que, como outrora já falado e exemplificado, a distribuição dessa carga também ocorre nos sistemas onde vige o princípio inquisitivo, bem como nos assuntos que tratam de direitos indisponíveis e de jurisdição voluntária. Se não bastasse tudo isto, não é o princípio dispositivo que irá solucionar a qual das partes pertence a respectiva carga.

Noutra posição, Stein, Jonas, Schönke e outros, têm por fundamento a distribuição como sendo a estrutura contraditória do processo. Com efeito, como bem assinala Leo Rosenberg, a estrutura contraditória do processo nada mais é senão uma característica do aspecto dispositivo do mesmo, ou seja, é o próprio princípio dispositivo que dá a forma de discussão entre as partes litigantes. Por isso mesmo, o princípio do contraditório também não pode responder quais são os fatos a serem provados por uma ou outra parte e, conseqüentemente, não podem servir de fundamento para a distribuição.

Outra teoria que levanta diz que a distribuição da carga da prova funda-se na lógica, assim para Martinius, Leonhard e Litten, e na natureza das coisas, já para Beckh, Meyerhofer e Wehli. Entretanto, Rosenberg (op. cit., p. 88) combate mais uma vez a essa premissa, pois se a lógica serve para o direito apenas quanto ao aspecto teórico-formal, também "no se puede decidir con seguridad ninguna a las numerosas controversias acerca de ésta baseándose en la naturaleza de la cosa; no se la puede emplear para la clasificación de los hechos discutidos, en el sentido de saber cuales pertenecem al fundamento de la demanda, cuales a la excepción, la réplica, etc."

Tal qual ocorria no procedimento judicial da Idade Média e no processo alemão até 1933, com respeito ao juramento deferido, Planck fundamenta a distribuição afirmando que só se admite que uma das partes prove, ou seja, o adversário daquele que afirma.

Discrepando também da opinião de Planck, diz Leo Rosenberg que falta ainda àquela teoria regras sobre a carga da prova.

Por fim, a última corrente esteia a distribuição no estado da posição da parte no processo. Discrepa também dessa opinião Rosenberg, para afirmar, de igual modo, que através dela não se pode formular qualquer regra relativa a distribuição do *onus probandi*.

Segundo esse autor (op. cit., p. 13), dos processualistas italianos, Carnelutti fundamenta a carga da prova através da dupla função que possui: 1 - serve para evitar um *non liquet*; 2 - é um estímulo à iniciativa privada. Já Micheli considera que a doutrina, entre ela o pensamento de Carnelutti, plantou o problema sobre bases diversas e bem mais amplas do que havia sustentado Saraceno. Mais amplas, explica, porque o legislador propõe resolver não só a proibição de um *non liquet*, mas também a de evitar julgamentos duvidosos. Em bases diversas porque um *non liquet* não é um pronunciamento definitivo sobre a controvérsia, não havendo decisão quanto ao fundo, ou seja, o juiz não aprecia o mérito.

Apesar das inúmeras críticas que surgiram nas tomadas de posições, o certo é que tais correntes estão sempre influenciadas, de algum modo, com o aspecto da disponibilidade das provas pelas partes, estudo este que será objeto a seguir.

3. Princípio dispositivo

3.1. PRINCÍPIO

Antes de se adentrar no inteiro teor do capítulo em epígrafe, mister se faz, primeiramente, fixar o verdadeiro sentido e alcance do vocábulo princípio, a par do que ele representa não somente no direito probatório mas também para toda a ciência processual, além da conceituação dada pelos léxicos e filósofos, a fim de se estabelecer sua importância para a fundamentação e formação de qualquer teoria.

O vocábulo princípio se origina do latim *principium*, o qual designa o início, o começo, o primeiro instante. Em sentido filosófico, "são lógicos e metafísicos e apresentam analogia com fundamento, causa, pressuposto, premissa" (Enciclopédia Saraiva, 1981b, p. 11), tendo o mesmo significado na linguagem científica.

Dall'Agnol Júnior (1989, p. 98) explica a importância dos princípios para o estudo do direito: "O princípio - seja qual ele for - revela a linha de orientação a ser levada em conta pelo intérprete na solução dos casos concretos, e mesmo, em se tratando de princípios processuais, do modo como devem conduzir-se os operadores do processo".

A ciência processual moderna fixou vários princípios fundamentais. Contudo, alguns deles são encontrados apenas em determinados ramos do processo.

Assinalam alguns estudiosos, como informa Cintra (1992, p. 49), que a doutrina costuma distinguir os princípios gerais do direito processual das normas ideais que representam uma melhoria do aparelhamento do processo, das quais quatro regras foram apontadas, sob a denominação de princípios informativos: "a) o princípio lógico (seleção dos meios mais eficazes e rápidos de procurar e descobrir a verdade e de evitar o erro); b) o princípio jurídico (igualdade no processo e justiça na decisão); c) o princípio político (o máximo de garantia social, com o mínimo de sacrifício individual da liberdade); d) o princípio econômico (processo acessível a todos, com vistas a seu custo e a sua duração)".

No sistema processual brasileiro pode-se enunciar os seguintes princípios gerais: 1) princípio da imparcialidade do juiz; 2) princípio do contraditório; 3) princípio da ação (também conhecido como princípio da demanda); 4) princípio dispositivo; 5) princípio da livre investigação das provas; 6) princípio do impulso oficial; 7) princípio da oralidade; 8) princípio da concentração; 9) princípio da persuasão racional; 10) princípio da publicidade; 11) princípio da lealdade processual; 12) princípio da economia e instrumentalidade das formas; 13) princípio do duplo grau de jurisdição; e 14) princípio da celeridade processual. A eles segue ainda o princípio do devido processo legal, acrescentado por José Frederico Marques, já que sua importância, referido por Justino Magno Araújo (1983, p. 94), serve para indicar qual a ordenação normativa e sistemática que adotou o legislador ao elaborar os preceitos instrumentais.

3.2. EM SENTIDO GERAL E EM TEMA DE DIREITO PROBATÓRIO

O princípio dispositivo, segundo a definição outorgada por Adolf Schönke, na transcrição de Karam (1981, p. 123), é "aquele em que o processo civil atribui às partes a tarefa de estimular a atividade jurisdicional, buscando os meios necessários para a solução da lide", sendo que tal estímulo à atividade jurisdicional é compreendido pela apresentação das alegações e do material probatório.

Na verdade, traduz-se aquele princípio no aforismo que proíbe ao juiz a iniciativa probatória e a busca de alegações não feitas pelas partes: *judex judicare debet secundum allegata et probata a partibus*.

Embora não seja por excelência o fundamento da teoria do ônus da prova, possui o princípio dispositivo estreita ligação com ela, diversamente do que ocorre nos sistemas inquisitivos; é que, nas palavras de Ovídio Baptista da Silva (1991, p. 281), "as questões a ele pertinentes decorrem da adoção, por parte dos respectivos sistemas processuais, de certos institutos e princípios formadores das estruturas elementares de qualquer ordenamento processual".

Durante muito tempo, desde o seu nascimento com Goldschmidt a Göner, se cogitou do princípio dispositivo como sendo a iniciativa da demanda a cargo exclusivo das partes, além da apresentação das alegações e das provas. Porém, foi com Liebman que se traçou a diferença fundamental entre o princípio que diz respeito à iniciativa da demanda e aquele que diz respeito ao impulso processual da ação.

Assim é que, para Cappelletti, se situa o princípio dispositivo no vínculo do juiz à iniciativa da demanda pelas partes e no estabelecimento, por estas, do objeto do processo, o qual possui as seguintes manifestações: 1) o princípio da demanda: *nemo judex sine actore*; 2) o princípio da exceção (material); 3) *ne eat judex ultra petita partium*; 4) princípio da impugnação privada da sentença; 5) princípio da disponibilidade privada do processo.

Ovídio Baptista da Silva (op. cit., p. 49) aponta, com muita propriedade, a diferença entre os dois princípios - dispositivo e demanda -: "o primeiro deles diz respeito ao poder que as partes têm de dispor da causa, seja deixando de alegar ou provar fatos a ele pertinentes, seja desinteressando do andamento do processo", já o segundo "...baseia-se no pressuposto da disponibilidade não da causa posta sob julgamento, mas do próprio direito subjetivo das partes, segundo a regra básica de que o titular do direito caberá decidir livremente se exercerá ou deixará de exercê-lo", e assim exemplifica o mestre com um caso concreto que diz respeito ao princípio dispositivo e não com o da demanda: "se o autor, fundado num contrato de mútuo, promove uma ação de cobrança contra o devedor e este não contesta a existência do contrato, mas simplesmente alega ter pago a dívida, ou que a mesma está prescrita, ao juiz não é dado ter o contrato de mútuo por inexistente" (ibidem, p. 47).

Historicamente foi só na segunda metade do século XIX, conforme narra Jorge Peyrano (1978, p. 52), que o princípio dispositivo atingiu o grau mais elevado:

> "La desconfianza existente en esa época hacia todo lo que formara parte del aparato estatal, recayó también en su rama judicial; recelo harto justificado, cuando se rememoran las arbitrariedades cometidas por jueces que eran meros delegados del poder político. Aun después del triunfo de las ideas de Montesquieu sobre la 'división' de los poderes, subsistió una especial sensibilidad respecto de todo lo que pudiera significar una intromisión estatal perturbadora del libre albedrío del ciudadano o, en su caso, del justiciable.
> "Por elle que las normas procedimentales se consideraban de derecho privado, siendo opinión unánimimente recebida en la época que el juicio pertenece a las partes".

Clara era, portanto, a necessidade de um princípio que outorgasse liberdade às partes, porém, por outro lado, não viam os doutrinadores a diferença existente entre a relação jurídica de direito processual e a relação jurídica de direito material, o que levava a confundir a disponibilidade do direito substancial com o direito adjetivo, fato este que recebeu duras críticas de Peyrano e foi muito bem explorado por Cappelletti.

Se, por um lado, o princípio dispositivo teve o seu mais alto grau reconhecido durante a metade do século XIX, já ao tempo dos ordálios, no período romano, o juiz era considerado um ser inativo no processo no que diz respeito à apresentação das provas. Nesse tempo, aguardava o julgador que a justiça divina, a qual desconhecia a malícia das acusações ou a falsa prova, pendesse para o lado do verdadeiro e do justo. Amaral Santos (1952, p. 29) assinala que, "mero assistente das provas, o juiz ou tribunal se restringia a decidir segundo o seu resultado. Ao juiz, como acentua Chiovenda, nada mais cabia senão declarar o resultado do experimento". No combate judiciário também não foi diferente, posto que, uma vez iniciada a prova, verdadeira luta entre as partes, a mesma era apenas presenciada pelo juiz e pelos auxiliares da justiça. Era somente para o caso de vários acusadores e um só acusado, quando houvesse discussão acerca de qual deles haveria de bater no réu, que intervinha o juiz para decidir na escolha feita. Foi, porém, ao tempo da prova testemunhal que se abriu um pequeno espaço para a intervenção do julgador no tocante a avaliação livre das provas e, de igual sorte, também assim o foi ao tempo da prova documental.

Conforme já assinalado, o princípio *judex debet judicare secundum allegata et probata* adveio da Escola de Bolonha, pois se procurava nem tanto impedir o poder inquisitório mas evitar que o juiz se valesse de sua ciência particular dos fatos a decidir. Sustenta Augenti, conforme a citação de Karam (op. cit., p. 95), que o princípio dispositivo "surge quando retornada à *litis contestatio* romana, como formalidade processual necessária a estabelecer os limites da controvérsia e fixados os fatos pelas *positiones*, a prova deve se desenvolver apenas sobre os pontos controvertidos".

O único impulso de ofício que houve no direito romano foi no período formulário, quando o réu fundamentava a sua defesa com uma negação geral, como assinala Micheli (1961, p. 17):

"En el caso, por tanto, de que la fórmula contuviese *intentio y exceptio*, el juez comprobado el hecho pretendido por el actor, debía comprobar tanbién la no existencias de las circunstancias aducidas por el demandado. Se había formado así probablemente la práctica por la cual el demandado aducía las pruebas de las propias afirmaciones, dado que el pretor podía denegar la acción al actor en el caso en que la excepción del demandado apareciese sin más fundada ya *in iuri*. La simples negación del demandado *(infitiatio)* no aparecía, en cambio, en la fórmula, debiendo el juez comprobarla de oficio según el *jus civile*, cuando se demonstrase el hecho (ejemplo, pago afirmado por el demandado)."

Em suma, se pode dizer que o princípio dispositivo se consubstancia no poder único e exclusivo que têm as partes de fazerem suas próprias afirmações e trazerem para a demanda as provas que melhor lhes convierem, sendo vedado ao juiz se basear em afirmações não feitas e buscar provas não requeridas por aquelas, sob pena de violar o mencionado princípio.

3.3. DISTINÇÕES PROPOSTAS

Existem certos autores que separam no princípio dispositivo dois aspectos. Na doutrina tedesca, a separação se dá entre *Verhandlungsmaxime* e *Dispositionsmaxime*. Já na doutrina italiana, a diferenciação fica circunscrita entre princípio dispositivo formal e material.

Millar (s.d., p. 65 e 62), partindo das várias conceituações dadas à *Verhandlungsmaxime*, por intermédio de vários autores - Planck ("las partes presentan al tribunal el material que desean sea utilizado para la averiguación del verdadero contenido de la relación existente entre ella y cuya selección queda librada a su propio albitrio.

El tribunal, por su parte, espera pasivamente la presentación de dicho material, interviniendo únicamente en los términos necesarios para asegurar que las actividades procesales de los litigantes se desenvuelven en base a métodos ordenados, sin exceder los límites estabelecidos por ley"); Fitting ("La llamada *Verhandlungsmaxime* involucra el princípio de que el tribunal, para sus relaciones, queda ligado al material presentado y a las peticiones formuladas por las partes. Con la expresión de que queda ligado al material presentado, queremos decir que sólo puede considerar los hechos y medios probatorios que invoquen los litigantes mismos, debiendo admitir como ciertas todas las alegaciones que no han sido impugnadas. Al decir que el tribunal queda limitado a las peticiones formuladas, intentamos poner de manifiesto que no puede conceder a ninguna parte lo que ésta no haja solicitado..."); Kleinfeller ("La ley adopta la *Verhandlungsmaxime*, cuando reconoce a las partes la función de aportar el material de la causa, limitando la función del juez a la consideración de este material"); Von Bar ("De la natureza de los derechos que se hacen efectivos mediante el procedimiento civil, se infiere, para cualquer sistema racional, el llamado *Verhandlungsprinzip* [...] puesto que las partes pueden disponer libremente de sus derechos, debe quedar librado a su criterio decidir lo que quieren aducir en sus ataques o defensas..."); Bunsen ("La *Verhandlungsmaxime* se basea el la idea de que las partes desempeñan un deber de actividad hacia el tribunal. De acuerdo con esta obligación, les incumbe presentar al mismo objeto de la controversia es decir, formular y sustentar los pedidos en cuestión y indicar sus medios de prueba. Al tribunal incumbe el deber de examinar independientemente los hechos de la causa, sino que los acepta tal como se los presentan las partes"); Heilfron y Pick ("La *Verhandlungsmaxime* es el principio que exigen al juez recibir el material de la causa y basar en él su pronunciamiento en la forma en que se lo hayan presentado las partes"); Engelman ("La

Verhandlungsmaxime al obligar, por una parte, al juez a considerar todas las alegaciones que sometan a su examen las partes, le impide, por otra, tener en cuenta nada que ellas no lo hayan presentado") -, assevera que traduzi-la para "máxima de controvérsia" ou "máxima de debate" não chega a mesma a ser uma palavra feliz para o princípio questionado. Daí não concordar com a expressão cunhada por Nikolaus Thaddaeus Gönner, em 1901, uma vez que a doutrina alemã já tinha se dado conta da imperfeição, para passar a chamá-la de "principio de presentación por las partes", diferentemente de Frederick Pollock, o qual lhe tinha emprestado a de "regla de neutralidad".

Por conseguinte, princípio afim à *Verhandlungsmaxime* (presentación de las partes), é o *Dispositionsprinzip*, o qual Millar (op. cit., p. 65), prefere tratar por princípio dispositivo e ainda lhe empresta o significado de "principio de elección dispositiva". "Dicho principio implica que las partes tienen el pleno dominio de sus derechos materiales y procesales involucrados en la causa, y reconoce su potestad de libre decisión respecto al ejercicio o no ejercicio de estos derechos".

Pode parecer, à primeira vista, como propriamente concorda Millar e a doutrina dominante, que não existe qualquer traço de distinção entre esses dois princípios, afora a questão da disponibilidade dos direitos substanciais que, na verdade, pertence ao princípio da demanda. Contudo, não há uma concordância de opiniões.

Engelman, apesar de consentir que a *Verhandlungsmaxime* está compreendida no princípio *Dispositionsprinzip*, ou seja, que o princípio de apresentação pelas partes se insere no princípio de eleição dispositiva, sustenta que há entre eles certas diferenças que os distinguem.

Referido autor, *apud* Millar (op. cit., p. 65), conceituando o princípio de eleição dispositiva como sendo aquele "en que las partes tienen derecho a controlar, mediante la declaración en juizo de su voluntad (elección directa) o por la ejecución o no realización de actos procesales (elección indireta), la relación jurídica controvertida, y que el juez ha de respetar, en cuanto esto se avenga con la finalidad del procedimiento judicial, estas manifestaciones dispositivas como declaraciones de las partes a las que él queda ligado...", chega à conclusão de que este constitui o reverso daquele, pois enquanto o de "presentación de las partes" se refere tão somente à atividade daquelas, o segundo - elección dispositiva - diz respeito apenas à figura do alcance da atividade judicial como correspondência à liberdade exercida pelas partes para o exercício de seus direitos.

Kleinfeller, de igual forma, apesar de ver estreita ligação entre os dois princípios, manifesta as distinções nas características dos mesmos, assim resumidas: a) eleição dispositiva: concede às partes o livre exercício de seus direitos materiais; define a extensão da atividade a desempenhar na acumulação do material para a causa; se consubstancia em faculdade de direito material e processual; b) apresentação pelas partes: determina os sujeitos e métodos a serem empregados para a atividade de acumulação de material probatório: é o meio que possibilita o exercício do princípio dispositivo *Dispositionsprinzip* - elección dispositiva. Em síntese, Kleinfeller, citado por Millar, alega que o princípio de eleição dispositiva possibilita a parte executar ou não um ato processual, enquanto que o de apresentação pelas partes faculta o exercício dos direitos conferidos no primeiro durante o procedimento judicial.

Sem dúvida alguma, diante deste impasse, razão assiste à doutrina dominante, eis que, se não houver ao menos coincidência entre os dois princípios, isto é, verdadeira identidade, ao que parece há uma estreitíssima relação, pois, uma vez retirado do "principio de elección dispositiva" o caráter disponível dos direitos materiais que, como outrora já salientado, é o conteúdo do princípio da demanda, não há, nem nos mais vagos contornos das conceituações e das características dadas à *Verhandlungsmaxime* e ao *Dispositionsprinzip*, qualquer resquício de diferenciação entre os mesmos, ou seja, se afinam num único princípio, isto é, o dispositivo.

Aliás, Dall'Agnol Júnior (1989, p. 46), ao comentar em seu escólio o princípio dispositivo no pensamento de Mauro Cappelletti, salienta que pareceu a este último inadequada a expressão tedesca utilizada para denominar o mesmo (*Dispositionsmaxime*) e usada para apelidar o "principio della trattazione" (literalmente princípio do debate - *Verhandlungsmaxime* - segundo Dall'Agnol), porém aplaudiu a distinção feita por Carnacini, entre poder monopolístico da parte acerca da disposição do interesse material, da tutela jurisdicional, do poder monopolístico de determinar o curso interno e formal do procedimento, que mais tarde recebeu alguns comentários de Liebman (1960, p. 552): "Um receio de confusão (além de meramente verbal) é dado, ao invés, na tentativa de Cappelletti de inverter a terminologia corrente e de manter o nome de princípio de petição, ou de distinguir no princípio dispositivo, amplamente aplicado, um significado substancial e um significado processual".

Eis então a dupla distinção, princípio dispositivo em sentido substancial e processual ou material e formal, menos confusa e melhor aparelhada que aquela demonstrada por Millar, conforme assinala Peyrano (1978, p.54).

Pelo princípio dispositivo material, assinala Roberto G. Loutayf Ranea, apud Peyrano (op. cit., p. 54), parafraseando Carnacini, "se lo podría definir como el derecho que tiene toda persona de disponer de sus derechos subjetivos materiales, mediante el ejercicio o no de una acción, su renuncia, su transacción, etc., es decir solicitando o renunciando a la tutela jurisdiccional del Estado".

Apesar de concordar com a distinção feita por Carnacini, tendo até o aplaudido, Cappelletti discorda dele quando não reconhece natureza processual ao princípio dispositivo, eis que, como se pode perceber da delimitação dada, há estreita identificação do conceito com o próprio direito subjetivo substancial, cuja posição foi abraçada por Peyrano (ibidem): "El primero alude a la plena disponibilidad de los derechos subjetivos derivados de la relación material".

Peyrano (ibidem, p. 55) explica ainda o sentido do princípio dispositivo em sentido formal: "El princípio dispositivo en sentido formal, en cambio, no es más que el resumen de la serie de atribuciones conferidas a los litigantes que inciden primariamente sobre la relación procesal. Entre ellas puede computarse la aportación de hechos y pruebas, como también varios de los medios extintivos del proceso". Consubstancia-se, nestes termos, o princípio dispositivo em sentido formal, na possibilidade das partes disporem das faculdades processuais que a lei lhes confere (Instrumental).

Sintetizando, o princípio dispositivo em sentido substancial diz respeito a relação de direito material, o princípio dispositivo formal refere-se à relação jurídica processual.

Para Cappelletti (1973, p. 45), "La consecuencia práctica más evidente de esta idea es la seguinte: que las partes privadas, aun siendo libres de disponer de los derechos substanciales deducidos en juicio, o sea del objeto del proceso, no son libres, sin embargo (o, por lo menos, no son completamente libres) de disponer a su gusto también del proceso mismo, o sea del instrumento procesal".

Com efeito, apesar de ser menos confusa esta distinção, como já se disse anteriormente, entre o princípio dispositivo em sentido substancial e o em sentido formal, na verdade está a doutrina italiana a distinguir nada menos e nada mais que o princípio da demanda com o princípio dispositivo. Por isso, não há como se traçar qualquer distinção neste último princípio, uma vez que ele é um só, qual seja, a apresentação das afirmações e o fornecimento do material probatório pelas partes, tendo por essa razão apenas natureza processual, ou melhor, apresenta-se ele tão somente no aspecto formal.

3.4. FUNDAMENTO

Consoante assinala Micheli, a lei se preocupa em colocar o juiz, no plano jurídico, na melhor posição de exercitar sua função, a fim de que seja independente de influências estranhas.

Esta melhor colocação no plano jurídico se dá no processo, quando o juiz se coloca acima e entre as partes, e constitui um pressuposto para que a relação jurídica processual se desenvolva validamente.

Decorre disto que um juiz tem de ser imparcial no objeto da relação litigiosa, ou melhor, a imparcialidade do juiz é a garantia para as partes, dada pelo Estado, o qual reservou para aquele o exercício da função jurisdicional.

Por conseguinte, para assegurar essa imparcialidade, o Estado outorgou aos juízes brasileiros certas garantias: inamovibilidade, irredutibilidade de vencimentos e vitaliciedade.

Por outro lado, taxa a lei de suspeito o juiz que funcione na demanda com certo interesse nela, ou seja, é, conforme Lopes da Costa (1947, p. 208), "a desconfiança de que o juiz não exerça imparcialmente o ofício, consciente ou inconscientemente..." Por isso, segundo Karam (1981, p. 54), "a atividade relativa à procura e escolha dos fatos por provar compete, pois, à iniciativa exclusiva das partes. Assim, a rigor, o juiz não pode julgar fora do que as partes alegaram nem ter em conta provas não apresentadas por elas. Nem mesmo lhe compete instruir as partes sobre que fatos, essenciais e discutíveis hão de produzir provas, nem a qual delas cabe o ônus". Nesta esteira, já se alegou, como registra Araújo Cintra (1992, p. 55), que "tanto no processo penal quanto no processo civil a experiência mostra que o juiz que instaura o processo por iniciativa própria acaba ligado psicologicamente à pretensão, colocando-se em posição propensa a julgar favoravelmente a ela". É assim então que o fundamento do princípio dispositivo reside justamente na imparcialidade do juiz frente às partes.

Pode-se falar, ainda, que o fundamento surge da escolha dos fatos e alegações que interessam às partes, as quais sabem melhor o que lhes interessa, já que, no sistema dispositivo, possuem cargas processuais, interesses, mas o certo é que o mesmo redunda na natureza estranha do juiz frente à matéria que deva exercer seu ato jurisdicional, pois, como afirma Dall'Agnol Júnior (op. cit., p. 107), "o verdadeiro juízo é apenas aquele de quem (afora de ter autoridade) julga sobre matéria que lhe é estranha. A imparcialidade é, pois, uma das notas distintivas essenciais da figura do juiz".

Liebman, a propósito, defende peremptoriamente este fundamento sob a alegação de que uma interveniência do juiz na produção das provas resulta em perda de imparcialidade, ocasionando assim não mais uma função jurisdicional mas um jogo de interesses.

3.5. PRINCÍPIO INQUISITIVO

Inversamente do que ocorre no princípio dispositivo, se verifica no inquisitivo, onde, segundo Ovídio Baptista da Silva (op. cit. p. 47), "compete ao juiz o poder de iniciativa probatória para a determinação dos fatos postos pela parte como fundamento de sua demanda".

Se no princípio dispositivo lhe é vedada a busca do material probatório, no inquisitivo o juiz tem amplos poderes para a organização daquele material, podendo usar outras fontes probatórias que não aquelas indicadas pelas partes.

Muito embora Araújo Cintra e outros autores taxem o juiz de parcial no sistema em que vigora o princípio inquisitivo, chegando uns até a afirmar, peremptoriamente, que no processo penal, em que a inquisitoriedade se revela com toda sua força, o julgador torna-se simultaneamente juiz e parte adversa do delinquente, porque escolhe as testemunhas e inquire-as perguntando o que julga conveniente avaliando, ao final, as provas que ele mesmo criou, outros, como Mendes de Almeida (1943, p. 24), asseveram que tal princípio é garantia da justiça criminal, já que obriga o julgador a estar preso à realidade, de maneira que não se atém tão somente comportamento das partes e nas provas trazidas para os autos, mas que busca aquelas de maneira espontânea e diretamente, assegurando a eficácia de uma decisão justa e equilibrada, de acordo com a verdade.

Nos sistemas inquisitivos, a busca pelo juiz do material do probatório não significa que as partes estejam livres do encargo, muito pelo contrário, pois, de acordo com Amaral Santos (1952, p. 115), "em geral, elas têm melhor convencimento da causa que dá origem ao litígio, nem mesmo seria possível prescindir da sua exposição dos fatos" e das provas que tivessem para produzir. O que pode, isto sim, é o juiz determinar qualquer produção de provas independentemente do resultado a que chegar, seja favorável ao autor, ou ao réu. Entende-se que pode, não querendo isto dizer que está obrigado, já que se existirem no processo fontes que por si só já lhe formaram a convicção, não se vê qualquer necessidade de outras coletas.

Segundo Dall'Agnol Júnior (op. cit., p. 150), Cappelletti, considerando que a doutrina apenas costuma falar de um princípio inquisitivo em sentido formal, ou seja, aquele em que o juiz não está vinculado somente às provas produzidas pelas partes, podendo buscar outras, traça duas distinções, tal qual o fez no princípio dispositivo: "princípio inquisitório em senso substancial (material) ou em senso próprio, para indicar o mais vasto ou mais radical fenômeno da abolição do vínculo judicial à alegação (dos fatos constitutivos) sob iniciativa das partes; e a fórmula princípio inquisitorial em sentido processual (formal) ou em sentido impróprio, para indicar, ao contrário, o outro fenômeno - cujos reflexos não se estendem ao mundo do direito substancial, mas se limitam ao processo e a técnica processual - de abolição do poder monopolístico das partes com respeito à iniciativa probatória".

Millar também não deixou por menos ao contrapor à *Verhandlungsmaxime* o conceito de *Untersuchungsmaxime* ou *Inquisitionsmaxime*. Porém, quanto à eleição dispositiva, assevera que não está claro se existe um princípio antitético, mas se existir certamente será o princípio *Offizialprinzip* ou princípio da oficialidade, o qual é explorado por Kleinfeller logo a seguir.

Contudo, por mais uma vez não concordar com a acepção dada à *Untersuchungsmaxime* (máxima de investigação), afirma Millar que melhor seria tratá-la por "principio de investigación" ou, ainda, de "principio de investigación judicial", posto que a terminologia seria mais clara e precisa, a fim de destacar seu contraste com o princípio de apresentação pelas partes.

Nesta seara, corresponderia o princípio de investigação judicial com o inquisitivo, já que em ambos é a busca do material probatório, a fim de pesquisar a verdade real dos fatos, tarefa dos juízes, que não necessitam se ater às alegações das partes, como assinala Engelman *apud* Millar (op. cit., p. 63):

"El principio de investigación judicial tiene como punto de partida la idea que de sobre y por encima de las partes existe un bien jurídico (*Rechtsgut*) al que ambas quedan subordinadas; que, por consequiente, sus declaraciones constituyen solamente medios para el aseguramiento de esto bien, y que dicho fin nunca se lograría, si fuesen libres de ejercer sus potestades dispositivas de persiguir así, independientemente, sus propios objetivos. Convierte, pues, a las partes, de sujetos de derecho privado, en objetos del interés legal general, y su esencia radica en que aquéllas pierden el derecho de usar libremente sus facultades dispositivas en favor del aumento del poder judicial. Así las declaraciones de las partes, por un lado, no se consideran como expresiones imperiosas de su voluntad, sino como meras afirmaciones, en tanto que, por el otro, el juez no queda ligado a las mismas sino, por el contrario, autorizado para hacer, a su propia discreción, lo que han querido proponer los litigantes".

É, pois, como já acrescentou Rezende Filho (1955, p. 214), que as partes no sistema inquisitivo não passam de meras colaboradoras da atividade judicial; as garantias dos cidadãos cedem ao passo dos interesses do Estado (Chrysolito Gusmão, 1956, p. 60).

Assim como separou anteriormente os conceitos de "presentación de las partes" e "elección dispositiva", Kleinfeller estabelece o mesmo para a *Untersuchungsmaxime* e o chamado "principio de la oficialidad" (*Offizialprinzip*). Esse autor, consoante Millar (op. cit., p. 63), após conceituar o "princípio da investigação judicial" ("... es el opuesto al de presentación por las partes: permite el ejercicio libre e independiente de la actividad judicial en el procedimiento que se desarolla entre los litigantes") estabelece que o "principio de oficialidad es el que priva las partes de su potestad sobre el objeto del procedimiento, de suerte que el deber oficial del juez no sólo abarca la aplicación de las leyes, sino que se extiende a determinar el alcance del material de la causa. El principio de oficialidad es pues, característico de un procedimiento cuyo objeto, incluso fuera del juicio, no queda ligado al poder dispositivo de las partes".

A divisão feita por ele é digna de nota, pois se de um lado o princípio da investigação judicial diz respeito à disponibilidade da atividade processual (inquisitoriedade formal), o princípio da oficialidade se coaduna com a indisponibilidade do objeto litigioso, da relação jurídica material (inquisitoriedade substancial).

Aliás, não é por menos que o exemplo característico do princípio da oficialidade é aquele que vigora no processo penal e nas causas de direitos indisponíveis, isto é, onde há interesse público e não pode haver a disponibilidade do objeto da ação (pleitos matrimoniais, assuntos de tutela, procedimentos de filiação e aqueles tendentes ao cancelamento e declarações de morte, na legislação tedesca e ainda na França, Itália, Suécia, Dinamarca e Noruega).

Há outros doutrinadores, ainda, que tentam estabelecer no princípio inquisitivo dois aspectos: positivo e negativo. O positivo se consubstanciaria naquele a que Capelletti denominou de formal, qual seja, na produção de provas *ex officio* pelo magistrado. Já o negativo, no dizer de Mendes de Almeida (1943, p. 24), "pode tolher a realização de provas pelas partes, fundado, por exemplo, em que tais provas não têm ligação com a realidade que se pretende provar no processo; pode impedir a inquirição de uma testemunha, por exemplo, porque ela não existe, não reside no lugar indicado, não tem conhecimento do fato, está fora do país, ou porque a diligência é claramente protelatória", enfim, consiste no indeferimento pelo magistrado de diligências inúteis ou protelatórias.

Feitas essas distinções, historicamente foi na legislação prussiniana, em meados dos século XVIII, iniciado sobre o reinado de Frederico, o Grande, que o sistema inquisitivo vingou com toda a sua evidência conforme assinala Millar (op. cit., p. 70):

"Inspirando notablemente en la obseción del Rey de que los letrados eran responsables de las poco satisfactorias condiciones de la justicia civil [refere-se ainda quando vigorava o princípio dispositivo] el sistema creado trató de reducir su influjo al mínimo posible, por la ampliación de las funciones de los tribunales. El nuevo régimen, cuyo germen radicaba en un código provisional adoptado para Pomerania en 1747 - la que, se dice en tiempos antiguos era llamada 'Terra Litigiosa' - fue conver-tido en 1781 en ley general, y, finalmente, después del advenimiento al trono de Federico II, se aperfeccionó en la Ordenanza Judicial General *(Allgemeine Gerichtsordnung)* de 1793-5. Según este sistema, las alegaciones de las partes eran formuladas por un juez delegado - el *Instruent* - o por funcionarios judiciales subordinados, conocidos como 'comisarios de justicia' *(Justiz-Kommisare)* que entonces formaban el único cuerpo reconocido de profesionales juristas. Dichos comisarios comparecían tanbién en la recepción de la prueba, patrocinando a las partes. La representación por otros abogados se limitó a la discución (por escrito) de las cuestiones de derecho involucradas en la causa. De esta manera, la acumulación del material del juicio quedó sujeta al control del tribunal".

Peyrano considera uma tarefa fácil estabelecer as características do princípio inquisitivo; a primeira delas consiste na faculdade de o órgão judicial ou do ministério público de propor a demanda, a fim de satisfazer os interesses de particulares, já que, por exemplo, na Rússia os direitos creditícios pertenciam a um titular componente de um grupo social, motivo pelo qual se nega ao credor dispor deles *ad libitum*; a segunda característica, buscada na lei adjetiva da ex-União Soviética, consiste em que a prescrição de um direito pode ser conhecida de ofício pelo tribunal. A propósito, isto é um traço marcante e característico do princípio inquisitivo, apontando que o tribunal pode sobrepassar os limites da demanda apresentada pelo autor, tendo em vista os interesses legítimos das instituições estatais, das empresas, das cooperativas e dos interesses dos cidadãos. Há, destarte, a subordinação do interesse material da parte a um interesse do grupo social; o terceiro e último traço apontado por Peyrano diz respeito à ilimitada intervenção do ministério público em qualquer demanda.

Por contingências históricas, o processo inquisitivo, conforme Araújo Cintra, Pelegrini Grinover e Dinamarco (op. cit., p. 55), apresenta outros caracteres: é secreto, não contraditório e escrito. "Pela mesma razão desconhece as regras de igualdade ou de liberdade processuais, nenhuma garantia é oferecida ao réu, transformado em mero objeto de processo, tanto que até torturas são admitidas no curso deste para obter a 'rainha das provas': a confissão".

Outro traço característico é que não existe no princípio inquisitivo regras sobre distribuição do ônus da prova. Há apenas, teoricamente, regras sobre o ônus objetivo, já que não existem cargas deste tipo para as partes, conforme visto anteriormente.

Muito se tem discutido se em tais sistemas, quando o juiz não se pronuncia sobre o mérito, por falta ou insuficiência de provas, a sentença faz coisa julgada. Micheli, a este propósito, se inclina pela negativa, assinalando que em tais casos ela não está nem sujeita a recurso, posto faltar na demanda uma parte vencida. Já Vasali, referido por Micheli (1961, p. 182), de outro lado, opta pela afirmativa, "considerando incluso que tal providencia es susceptible de pasar en autoridad de cosa juzgada, de manera que se tendría un vencido y, por conseguinte un legitimado para la impugnación". Interessante é a opinião de Chiovenda, eis que não admite que a suposta sentença irá apreciar o fundo da demanda, considerando, no entanto, válida aquela que ordena às partes a trazerem provas para completar as já existentes, uma vez que não existem regras sobre distribuição subjetiva do ônus da prova. Entretanto, não se pode deixar de manifestar pelo óbvio, isto é, em tais casos somente uma das partes iria trazer as provas ordenadas, qual seja, aquela que se beneficiasse.

Para dar uma solução, Micheli, acompanhando Chiovenda, chega a propor que o juiz, naqueles casos de insuficiência ou falta de provas, cuja decisão não pode ser um *non liquet*, eis que vedado assim está a sentença a ser proferida, e uma vez tendo resultado inexitosa a busca *ex officio*, deverá então nas questões concretas e particularizadas adotar um critério de decisão legal, diverso para cada demanda. É que o juiz deve julgar sempre, mesmo que seja *ex informata concientia* e não somente *allegata et probata partium*.

Pelo assinalado, é de se divergir de Eduardo Couture (1946, p. 161) quando afirma, em sentido contrário, que nos processos inquisitivos não existe risco ou prejuízo para a parte ante a falta ou insuficiência de provas, já que, conquanto não haja ônus subjetivo, certamente o demandante, ao menos teoricamente, restaria prejudicado com a possível falta do material probatório, pois quem propõe determinada demanda o propõe com interesse em obter êxito, a fim de satisfazer sua pretensão, daí porque não quedaria inativa aquela parte, o requerente, esperando que o julgador saísse à cata do material probatório. Na falta ou insuficiência, apresentaria o autor as fontes de provas para lograr o êxito pretendido, razão pela qual haveria prejuízo quando o processo restasse julgado sem o pronunciamento do mérito, já que há de entender que o princípio inquisitivo não retira das partes a produção das provas, o que ocorre, diferentemente do dispositivo, é que o juiz poderá produzí-las *ex officio*, a fim de formar a sua convicção e proferir um julgamento justo e equitativo.

Assinalada ainda Micheli uma exceção que, a respeito da falta de provas, há decisão quanto ao mérito e conseqüentemente faz coisa julgada nos sistemas inquisitivos. Trata-se daqueles processos que dizem respeito à declaração de existência de um fato ou, como diz ele, de processos de *status*. Nesses casos o juiz chega a examinar o fundo da controvérsia e emite um pronunciamento jurisdicional de mérito, mesmo quando há falta ou insuficiência de provas, posto que se o fato não foi provado, a sentença obedece a idênticos critérios traçados no processo penal, tem-se o fato por inexistente, e conseqüentemente aprecia o mérito da demanda. Diversamente ocorre quando a declaração que se apura não é a da existência de um fato, mas de uma relação jurídica.

Ai sim prevalece o que foi visto anteriormente e ao juiz cabe aplicar aquelas regras.

3.5.1. Sistemas socialistas e comunistas

De caráter predominantemente público, as normas de direito material, e com um processo visceralmente inquisitivo, têm os sistemas socialistas e comunistas, na maior parte dos casos, as relações das partes não como uma declaração informativa acerca dos fatos da causa, mas sim como uma verdadeira declaração de vontade. Por isso mesmo, como bem relata Cappelletti (1972, p. 121), das alegações o juiz não colhe nenhuma informação; estas serão fornecidas pelas provas produzidas.

Por outro lado, tem ainda a doutrina comunista concebido, especialmente na antiga Germânia Oriental e na ex-União Soviética, que a bipartidação entre direito público e privado é conseqüência de um Estado extremamente burguês, cuja divisão importa no seguimento da *Verhandlungsmaxime* no esteio processual, a qual é abertamente combatida e renegada.

Na inércia do juiz nestes sistemas, o qual tem de reconhecer a propriedade privada e a livre concorrência, segundo os comunistas, como informa Cappelletti (op. cit., p. 391), "se oculta trás la máscara de la imparcialidad, seria precisamente expicable sólo como instrumento puesto al servicio de la clase capitalista dominante, y en particular del individuo econômicamente privilegiado, el cual, estando em situación de preparar más cuidadosamente el proceso y de prorrogarlo en el tiempo, de assegurarse los mejores defensores y en general de soportar sin dificultad el gravamen de las costas judiciales, etc., terminaria por transformar la justicia en un medio de explotacion".

E a questão não fica só por aí, posto que Siedlecki, após salientar que as partes não têm ônus mas sim obrigação perante ao juiz no que diz respeito à produção de provas, taxa de processo civil burguês aquele em que haja distribuição subjetiva. Aliás, não só às partes corresponde dita obrigação, já que ela também é extensiva ao julgador, o qual não pode rechaçar uma ação ou exceção sob o fundamento de que uma das partes não demonstrou a sua pretensão em juízo, se não só quando está demonstrada que a ação ou exceção são infundadas. Contudo, para Cappelletti, a crítica comunista à *Verhandlungsmaxime* tem um vício dogmático, que consiste na falta da distinção entre o *Dispozitionsprinzip* (princípio dispositivo) e o princípio da substanciação. A propósito, Liebman (1960, p. 551), em seu fundamento ao princípio dispositivo, já havia assinalado que os escritores alemães, no início do século passado, não lograram diferenciar o princípio dispositivo da disponibilidade dos direitos materiais. Não obstante, Cappelletti (op. cit., p. 391) concorda que a distinção não podia ser clara e precisa, já que naquele tempo a ação (como direito autônomo, e até como exercício de um direito autônomo), e a jurisdição não haviam assumido ainda um distinto significado jurídico e conceitual; entretanto, (op. cit., p. 395) discorda que a *Untersuchungsmaxime*, segundo os comunistas, não seria conciliável com um ordenamento que tutelasse a propriedade privada e a disponibilidade dos direitos. Para ele, é perfeitamente possível enlaçar o princípio dispositivo com a *Untersuchungsmaxime* quando essa é entendida não como referência a uma possibilidade de investigação ex officio dos fatos da causa, se não exclusivamente com referência à possibilidade de o juiz, no âmbito das *allegata partium*, não estar vinculado a uma disponibilidade das provas:

> "La contradicción de aquella doctrina está em criticar de un lado, el principio de la substanciación entendiéndolo en el sentido tradicional (y hoy en día cientificamente superado) - en el sentido, por conseguiente, en que el mismo era efetctivamente suscetible de graves críticas, fundadas ya de um

punto de vista dogmático, ya desde el punto de vista político-social y equitativo aceptar, por el otro lado, aunque sea con reservas, em principio dispositivo el cual en el terreno de análisis crítico de los principios del proceso "burgués", estaba, en cambio, que, salvo se quiere atribuir a las palabras significados extremamente ambiguos o del todo diversos de los corrientes y hoy en día consolidados, como parece querer hacer precisamente la doctrina aqui criticamente examinada, no acoge el principio dispositivo un ordenamiento en el cual el juez no sólo pueda de oficio indagar sobre la verdad de los hechos alegados por las partes, sino que pueda también poner como fundamento de su decisión hechos diversos de aquellos espontaneamente alegados por las partes".

Eis aí então o motivo que levava a doutrina comunista a fulminar os sistemas que adotavam o princípio dispositivo, e com razão, posto que naquele tempo não se diferenciava a disponibilidade do direito material e a disponibilidade do direito processual.

É de se salientar que esta posição se perpetuou por mais de um século, já que somente no início deste é que logrou a doutrina processualista ocidental proceder à exata diferenciação.

A adoção pelo princípio inquisitivo nos sistemas socialistas reside na busca, como afirmam Püschel e Kietz, da verdade material, em que a sentença é convincente e educativa, transcendendo as partes em prol da sociedade. E é por esta razão, pela busca da verdade objetiva, que assinala Siedelecki não existir nos sistemas socialistas as presunções *juris et de jure,* já as *juris tantum,* embora previstas no ordenamento, podem ser combatidas pela parte interessada e até mesmo de ofício pelo juiz.

Assim sendo, é característica dos países comunistas e socialistas a busca de ofício pelo juiz das fontes de prova, o qual pode descobrir fatos não alegados pelas partes e até mesmo levá-los em consideração na decisão da causa, possuindo o Ministério Público um direito próprio de ação quando os interesses do Estado ou da sociedade exigirem qualquer intervenção.

3.6. PROCEDIMENTOS DE JURISDIÇÃO VOLUNTÁRIA E CAUSAS DE DIREITOS INDISPONÍVEIS

Muitas são as opiniões acerca de se saber qual dos dois princípios, inquisitivo ou dispositivo, vigora nos processos de jurisdição voluntária e nas causas de direitos indisponíveis. Tal dúvida, porém, não se levanta naqueles sistemas onde é abraçado o princípio inquisitivo, pois ali, por óbvio, já se sabe qual deles prevalece. O problema surge naqueles diplomas processuais em que o legislador deu maior ênfase ao impulso processual das partes nos procedimentos em geral.

Para alguns, entre os quais Batista Lopes e Peyrano, vige a máxima inquisitiva. Para outros, o processo se aproxima em muito ao processo penal, dando ensejo a uma parcela de inquisitoriedade (Calamandrei, *apud* Carlo Furno, 1954, p. 43), ou torna sensivelmente atenuado o princípio da disponibilidade das partes (Ovídio Baptista, 1991, p. 48), ou, ainda, outorgam a tarefa da busca das provas ao Ministério Público, posto que é a este que cabe a defesa dos interesses dos incapazes e da ordem jurídica em tais situações (Theodoro Júnior, 1991, p. 453).

Quando se fala em dispositividade das partes, tal qual no parágrafo anterior, há de se entender como a faculdade na produção de provas e alegações, nada tendo em comum com a proposição da ação, eis que neste caso ou vige a máxima inquisitiva, ou o princípio da demanda.

Aliás, no CPC brasileiro, acerca da propositura da ação nas causas que têm seu curso regulado por atos de jurisdição voluntária, em alguns casos não vige o princípio da demanda, mas sim o processo inquisitorial, já que o legislador outorgou ao juiz em algumas hipóteses o impulso inicial *ex officio*. Porém, normalmente é instaurado mediante provocação da parte ou pelo Ministério Público.

Feita esta digressão, por conseguinte, Calamandrei, *apud* Peyrano (op. cit., p. 74), sublinha que não basta tratar-se de um procedimento de jurisdição voluntária ou que haja um interesse público no processo para tratá-lo de inquisitivo. Necessário, diz ele, é que o Estado tenha interesse naquelas situações em não permitir sua modificação senão mediante uma declaração judicial de certeza.

Sendo assim, nos procedimentos de jurisdição voluntária, pelo menos na legislação processual pátria, é certo que os requerentes instauram um processo para que haja uma intervenção judicial, a fim de compor uma situação de fato. Há, nestes termos, a inquisitoriedade presente de que nos fala Calamandrei, se se tomar dita modificação como sendo a jurídica, já que sempre existe um interesse público a tutelar, como, por exemplo, no pedido de separação judicial após decorrido o tempo preconizado na separação de fato; no entanto, no que toca a produção das provas, o sistema adotado foi diferente, conforme se observará em capítulo oportuno.

Problema maior que surge nos procedimentos de jurisdição voluntária e nas causas de que tratam de direitos indisponíveis é saber qual o rumo a tomar após a propositura das provas pelas partes litigantes, ou interessadas, e a produção de ofício pelo juiz e pelo Ministério Público se o segundo não chegou a formar sua convicção.

Nestes casos, várias são as soluções propostas que se diferenciam em muito das feitas por Micheli quando do estudo do princípio inquisitivo.

Sustenta, por isso, Calamandrei, conforme Peyrano (op. cit., p. 187), que, nestas situações, quando haja falta de provas ou ainda insuficiência delas, é de bom alvitre deixar a situação como está, ou seja, mantém-se o estado jurídico. É menos perigoso deixar tudo como se encontra, assim "entre el actor que pide la modificación de un cierto estado jurídico, y el demandado que pide que so lo mantenga, el Estado mira com mejores ojos al segundo, y trata, facilitandole la prueba de las excepciones, de ponerlo en condiciones de superioridad frente al primero".

A jurisprudência italiana, todavia, já se inclinou no sentido de que naqueles casos, na falta de ou insuficiência de provas, seja valorado então o depoimento pessoal, isto é, a confissão e o juramento das partes. Entretanto, a maior parte da doutrina, juntamente com Calamandrei, Chiovenda, Calamari, Andreoli e Satta, se posiciona para que seja mantido o vínculo (Micheli, 1961, p. 249).

Micheli ousa divergir da maioria da doutrina italiana e seguir os passos traçados pela jurisprudência, já que para ele a confissão e o juramento servem como base para formar a convicção do julgador na falta das provas, devendo o juiz outorgar a prestação jurisdicional favorável àquela parte que restar beneficiada com este ato.

Urge salientar que o legislador processual brasileiro tratou de maneira diversa o problema, posto que no art. 351 do *Codex* Instrumental "Não vale como confissão a admissão, em juízo, de fatos relativos a direitos indisponíveis".

Questão de relevo que ainda se levanta nessas situações jurídicas diz respeito à confissão em que uma parte dela aproveita o demandante, que quer ver modificado o vínculo, e outra favorece o demandado-confitente que defende a manutenção. Trata-se, nestes casos, do princípio da indivisibilidade da confissão, derivada da máxima *aut ex toto sumendum, aut ex toto rejiciendum*.

Atento, porém, ao princípio da indivisibilidade da confissão, acerca desta questão, vertida na doutrina italiana, parece que a escolha caberia ao demandante, pois se de um lado aceitasse aquela, e teria de aceitá-la *in totum*, a demanda obteria êxito naquela parte em que ficasse demonstrado o fato constitutivo de seu direito, se assim houvesse confessado o demandado. Entretanto, se o autor não a aceitasse, não há, por evidência, a prova do fato constitutivo, devendo se manter então tudo como está, isto é, a demanda seria rechaçada, salvo se houvesse outras fontes de prova nos autos.

Seja como for, é de se seguir os passos da corrente trilhada por Calamandrei, para nestes casos deixar a situação como está, isto é, opta-se pela manutenção da situação jurídica, quando não existir mais provas no processo.

3.7. VERDADE REAL E FORMAL

A verdade, conformação da noção ideológica com a realidade, segundo Moacyr Amaral Santos (1952, p. 12), "quase sempre não se apresenta, ou nunca se apresenta com a brancura da verdade absoluta, mas apenas com as cores da realidade sensível e inteligível".

No processo penal, o corpo de delito é a realidade criminal, como assinala Mendes de Almeida (1943, p. 12), "é o crime fora do processo, com seus elementos materiais tangíveis, concretos, que determinam de modo necessário o procedimento da autoridade administrativa como autoridade judiciária".

Não pode haver ação penal sem corpo de delito. É o princípio da verdade real que é derivado de outro princípio: não há crime sem pena, não há pena sem crime. O juiz há de se ater à realidade, à verdade real.

A realidade que se apresenta no processo penal, se não é uma verdade absoluta, em muito se aproxima dela.

O princípio inquisitivo é que vige no processo penal, assim como em alguns sistemas processuais civis, que se caracteriza de acordo com Pereira de Souza (1981, p. 123) "pelo fato de que uma vez instaurada a relação processual compete ao juiz à direção do processo movendo-o de fase a fase até o julgamento final. Há, de conseqüência, uma limitação aos poderes das partes, podendo o juiz de ofício, determinar a produção de provas. Por meio deste princípio, ao contrário do primeiro (fala do dispositivo), busca-se a verdade real e não a verdade formal [...]".

Como sustenta Araújo Cintra (op. cit., p. 61), nos procedimentos pautados pelo princípio inquisitivo e naquelas "relações jurídicas em que o interesse público prevalece sobre o privado, não há concessões à verdade formal".

Em sentido contrário, opina Pontes de Miranda (1947, p. 55), para quem o "princípio dispositivo, que deixa às partes... expor o pedido, a causa de pedir, indicar e produzir provas *(quod non est in actis, non est in mundo)*, devendo o juiz ter como verdade (formal) o que não foi controvertido, em vez do Estado mesmo investigar, inquirir, averiguar, buscando provas, esmiuçando, para, por si, descobrir, e a seu jeito, o que entende ser a verdade material" convive com a realidade formal, "nem sempre coincidente com a verdade absoluta" (Mota de Souza, 1987, p. 50).

A verdade, nos processos onde se pauta a conduta das partes pelo princípio dispositivo, é um resultado desejado, mas nunca assegurado. Verifica-se, destarte, uma crescente tendência a considerar a prova judiciária como a demonstração da verossimilhança da existência de uma determinada realidade, restaurando-se, neste sentido, a doutrina aristotélica da retórica como "ciência do provável, a que se chega através de um juízo de probabilidade" (Alessandro Giuliani, *apud* Ovídio Baptista, op. cit., p. 276), devendo se entender a prova, consoante Bentham, por fato supostamente verdadeiro.

Razão assiste, pois, a Lopes da Costa (1943, p. 259) quando entende que a coisa julgada, nos sistemas da disponibilidade das provas pelas partes, não se define como a verdade, mas como um substitutivo político dela: "Não se diz que a *res judicata veritas est*, mas apenas que *pro veritate habetur*".

Motivo disso é que nos sistemas inquisitivos prevalece o interesse público, coletivo, enquanto nos sistemas dispositivos vige o interesse particular, individual, daí que o *decisum* que a sentença proclamou como verdade, às vezes não coincide realmente com o que é e como deveria ser.

Por outro lado, no princípio da disponibilidade das provas pelos litigantes, se estes não cuidarem de, como preceitua Theodoro Júnior (1991, p. 449), "usar das faculdades processuais e a verdade real não transparece no processo, culpa não cabe ao juiz de não ter feito justiça pura, que, sem dúvida, é a aspiração das partes e do próprio Estado. Só às partes ou contingências do destino pode ser imputada semelhante deficiência", já que, por mais uma vez, repita-se, o fato que há de servir de objeto e exame pelo julgador para ditar a sentença não é, muitas vezes, a realidade, mas o que o autor e o réu apresentaram ao juiz como se realidade fosse.

Por isso é que, conforme Mendes de Almeida (op. cit., p. 23), o "juiz no cível decide, então, não por aquilo que aconteceu antes do processo, mas de acordo com o comportamento que as partes tiveram dentro do processo, na apresentação do fato, com seus elementos, ao conhecimento judiciário".

De outra banda, alega Mendes de Almeida que se dito princípio, o da verdade formal, imperasse no processo penal, isso importaria numa negação de pena. Esta deixaria de ser uma necessidade e não mais se justificaria a existência do direito penal.

A par disso, conclui-se o porquê da vigência no sistema onde vigora a máxima dispositiva do princípio da probidade, o qual determina que os litigantes hajam com lealdade e boa-fé, impondo certas penas se assim não procederem. Porém não são raros os casos de simulação processual em que as partes buscam a chancela judicial a fim de prejudicar terceiros ou até mesmo como forma de burlar a lei.

3.8. DEVER DE PROBIDADE, FRAUDE E SIMULAÇÃO PROCESSUAL

Segundo narra Cappelletti (1973, p. 81), o dever de lealdade é fruto da ideologia privatística que vigorava em todos os países europeus, os quais consideravam o processo como "cosa de las partes", em que o juiz intervinha somente ao final da ação para julgar: "...un reflejo procesal de la ideologia individualística, del 'laissez-faire'; y tiende, conseguientemente, a afirmar la oportunidad y la moralidad de un deber de verdad de las partes en el proceso civil, y su conciliabilidad en el principio dispositivo".

Já ao tempo das Ordenações Filipinas, no início da causa, a requerimento de uma das partes a outra devia sob juramento prometer litigar de boa-fé (III, 43, Proêmio, e parág. 1º).

Vigorando o princípio dispositivo em toda sua profundidade, outra não é a solução do legislador processual, para se garantir ao menos uma aproximação com a verdade real, senão determinar a existência de um dever para as partes agirem com lealdade e boa-fé, pois inerte o juiz nesses sistemas, é o único meio de garantir uma parcela de seguridade jurídica.

A discussão maior que houve, todavia, já surgiu ao tempo de Wach, na Alemanha, que combatia aquele dever, enquanto Klein, na Áustria, defendia seu uso.

Contudo, adotando o sistema um maior poder de deliberação das partes no processo, isto é, onde vigora o princípio dispositivo, fundar a ação em falsas alegações e contestar sem fundamento as verídicas alegações do adversário, obrigando a parte prejudicada a um maior desperdício de tempo, salvo se o prejuízo não for ainda maior, resulta numa lesão de direitos, cuja pena cominada pelo judiciário muitas vezes não corresponde aos danos sofridos.

O legislador brasileiro não fez diferente. Processo de caráter predominantemente dispositivo, prescreve a legislação adjetiva, nos diversos incisos do art. 14, deveres e sanções às partes que transgredirem o princípio da lealdade e boa-fé.

Fica claro assim que, como afirma Silva Jardim (1988, p. 53), "a boa decisão estatal não pode ficar dependendo do preparo de bons profissionais contratados pelas partes ou mesmo da malícia destas", já que vedado é ao juiz proceder de ofício na busca do material probatório.

Em face da inatividade do órgão jurisdicional, funciona o dever de probidade e lealdade como elemento limitador do alcance do princípio dispositivo, pois, por um lado, este último transforma certos deveres em cargas e, por outro, aumenta a auto-responsabilidade dos litigantes.

Não obstante todo o empenho do legislador processual em limitar o alcance do poder das partes, prevendo certas sanções quando não pautarem sua conduta pelo princípio da probidade e lealdade processual, é, todavia, nos processos com caráter visceralmente dispositivo que a fraude e a simulação se revelam com toda sua nódoa.

Quantas e quantas eram as ações de anulação de casamento que, embora tivessem por objeto direitos indisponíveis, as partes utilizavam para obter um divórcio à vínculo antes do surgimento da Lei Especial de 1977. Segundo Paulino Neto, citado por Campo (1990, p. 20):

> "Ora, nestas célebres e clássicas anulações de casamento, sempre tão irmãs gêmeas entre si, sempre tão iguais em suas ridículas, funambulescas, inverossímeis histórias de erro, sempre à cata de uma

complacência, que procura dissimular sob os aspectos processuais da competência, sempre tão desafinadas, soando tão mal, no que apresentam como contestação, sempre tão palavrosas e ocas, retumbantes e vazias, acacianas, pomposas e pacholas, ou, então, pobres, pobrezinhas de fazer dó em suas decisões, em todas elas, pesadas as circunstâncias que a lei manda pesar, a qualquer mocinha ingênua ou bacharel bisonho a fraude se revelará espontaneamente, indisfarçavelmente em toda a força de sua evidência".

Embora alegue Ferrara que no exemplo anterior não existiu simulação, sob o fundamento de que a triangulação processual é formada pelo autor, réu e o juiz, sendo que este último não participa daquele ato. Basta, porém, simplesmente o demandado formular precariamente sua defesa, confessar sobre os fatos articulados na inicial etc., para que o concluio exsurja entre as partes, como forma de driblar a indissolubilidade do vínculo matrimonial que até então era impossível legalmente, tudo como forma de burlar a lei ou ainda prejudicar terceiros.

A simulação processual entre as partes sempre se faz em relação à lei ou a terceiros e, para evitá-la, se o princípio da probidade e lealdade processuais apenas atenua o problema, outra não é a solução senão a de outorgar liberdade ao julgador em perquirir nas fontes e meios de prova a veracidade das alegações. Em muitas demandas, como assinala Beleza dos Santos, citado por Lopes da Costa (1943, p. 312), "raras vezes poderá o juiz recusar sua homologação com o fundamento de que com a confissão, desistência ou transação se pretende realizar uma simulação, porque dificilmente resultará do processo a prova dessa fraude. E como no sistema seguido pelo nosso direito processual civil, o juiz é essencialmente inerte e passivo, tendo uma limitadíssima iniciativa na instrução da causa, não pode eficazmente corrigir essa deficiência da prova da simulação". Desse entendimento não foge Giuseppe Maranini (1939, p. 261): "[...] a confissão e o juramento deferido à parte [...] constituem formas larvadas de transação, incompatíveis, portanto, com a natureza de tais controvérsias. Como da mesma forma é evidente que, diante de um possível conluio das partes, realizado com o intuito de violar a lei, seria absurdo vincular o juiz ao que elas combinaram ou que constitui objeto de provas escritas não contestadas: em tais casos, nenhum meio de indagação deve ser excluído e a liberdade de convicção dos juízes não pode sofrer limitações. Aqui o princípio inquisitório domina soberanamente".

Se o remédio contra a simulação processual das partes em juízo se perfaz na inquisitoriedade do juiz, a qual é incompatível com o sistema do tipo dispositivo, contra a fraude unilateral o antídoto encontrado foi o princípio do contraditório como demonstra Carnelutti (1952, p. 68): "Este se asemeja en respecto a la lanza de Aquiles: hiere y cura. Nada mejor para dar aire e sol al proceso; y con el aire y el sol, la salud contra la astucia de una parte, el juez significa infinitamente menos que el adversario. Y bajo este aspecto, para el buen fin del proceso es necesaria la igualdad de las partes, incluso desde el punto de vista de la fuerza o de la bellaquería [...]".

Como explica Ovídio Baptista, parafraseando Devis Echandia e Silva Mellero, segundo o princípio do contraditório carece de legitimidade a prova secreta produzida sem o prévio conhecimento da outra parte e sem sua oitiva. Porém, como não podia deixar de ser, o contraditório paritário caracteriza a estrutura interna do princípio dispositivo.

Em suma, o princípio da probidade e o princípio do contraditório coexistem num sistema dispositivo como forma de tentar aproximar da verdade real as alegações e as provas que as partes trazem para o processo, no desiderato de deixar ares que a sentença a ser proferida, baseada nas pretensas seguranças legislativas instrumentais, irá espelhar o que é justo e eqüitativo para os litigantes.

3.9. CRÍTICAS AO PRINCÍPIO DISPOSITIVO

Muito embora as críticas ao princípio inquisitivo sejam as mais variadas, entre as quais se emprestaria o termo funcionário público às partes, como ocorria na ex-União Soviética, em que o credor de um crédito era obrigado a exercitar seu direito subjetivo público de ação e o réu era obrigado a se defender, é, contudo, no dispositivo que a maior parte da doutrina, tanto nacional quanto alienígena, tenta colocar abaixo esse tipo de sistema. E o faz buscando seu berço, no direito romano antigo, especialmente ao tempo em que as provas eram o duelo e os ordálios, ou juízos de Deus, para afirmar que o juiz, passivo que era, mantinha uma estreita ligação com a mentalidade de uma ideologia desigualitária, da qual várias máximas dispositivas se originaram *(non iudex sine parte, ne procedat iudex ex officio, ne eat iudex ultra petita partium; da mihi factum, tibi dabu ius, iudex secundum allegata, non secundum conscientiam iudicat etc.)* para formar base dos sistemas jurídicos ocidentais.

A despeito do terremoto da Revolução Francesa, a qual abateu a ideologia desigualitária pregada no sistema romano antigo e no direito intermediário, alguns sistemas continuaram a abraçar com toda a sua força o princípio dispositivo, tal qual a sua origem, isto tudo por causa da "temida parcialidade" do juiz.

E assim foi até a metade do século passado, quando os juízes intervinham somente ao final da ação para julgar. Era o processo tomado, segundo Cappelletti (1974, p. 104), como "cosa de las partes" até se chegar a denominar "cosa privada de los abogados de las partes". Diz ainda o mesmo autor (ibidem, p. 48):

"El temor de que el juez al entrar 'en la arena' terminase por perder su imparcialidad, era tan grande que incluso las pruebas eran asumidas con frecuencia en ausencia del juez, el cual, por conseguiente no tomaba conocimiento directo de ellas, sino solamente indirecto, através de los protocolos o 'verbales' (actas) escritos, redactados por secretarios o por otros sujetos destinados a ello".

Havia um total desinteresse do Estado pelas disputas judiciais, posto que se tratava de uma concepção exageradamente individualista do processo, considerado, no dizer de Gusmão (op. cit., p. 14), "como um duelo no qual as duas partes podem fixar o momento de luta e no qual, também, cada uma tem o direito de aproveitar as faltas de seu adversário" (Tessier), e agora não mais pode compadecer com a necessidade do Estado moderno, pois não passa dum 'erro por o direito judiciário na esfera do direito privado 'mesmo' em relação a justiça civil' (Biagio Bruggi).

Admitir o princípio dispositivo em absoluto é desprestigiar a relevante tarefa da prestação jurisdicional, já que a figura do Estado também está em jogo na relação jurídica processual.

Mesmo que seja de ordem prática o acolhimento do princípio de disposição das partes no processo, alegando-se que o Estado não possui um aparelhamento suficiente para suportar as necessidades de um princípio que dá amplos poderes ao juiz, conforme assenta a argumentação de Redenti, *apud* Amaral Santos (1952, p. 116), já não mais se admite um princípio dispositivo rígido, representado pelo brocardo *iudex secundum allegata et probata partium iudicare debet*. O julgador nos tempos atuais é visto como, de acordo com Vicente Fernandes, referido por Figueiredo Teixeira (1978, p. 229), "o mais severo guardião do direito e da comunidade", o qual deve passar de mero espectador a diretor ativo do processo. Pois, como assinala Barbosa Moreira

(1985, p. 146), "o mais valioso instrumento corretivo para o juiz consiste sem dúvida na possibilidade de adotar *ex officio* iniciativas relacionadas com a instrução do feito. Os poderes instrutórios, a bem dizer, devem reputar-se inerentes à função do órgão judicial, que, ao exercê-los, não se substitui às partes como leva a supor uma definição distorcida do fenômeno. Mas é inquestionável, que o uso hábil e diligente de tais poderes, na medida em que se logre iluminar aspectos da situação fática, até então deixados na sombra por deficiência da atuação deste ou daquele litigante, contribui, do ponto de vista prático, para suprir inferioridades ligadas à carências de recursos e de informações ou à dificuldade de obter o patrocínio de advogados mais capazes e experientes. Ressalta, com isso, a importância social do ponto", já que funciona, destarte, como um instrumento corretivo de igualdade processual entre as partes.

Já no Relatório Preliminar sobre a reforma do Código de Processo Civil Italiano, em 1937, afirma-se que o Estado devia assumir uma posição proeminente frente às partes, para reafirmar a insuprível superioridade dos interesses que o levam fazer atuar o direito, posto que até então as raízes do mal estavam no princípio individualístico e deste era escravo o Estado liberal. Assim, propugnava-se por um estado de justiça, onde o juiz é órgão a que o Estado atribui a tarefa de reintegrar o equilíbrio do direito, o qual deve ter um maior poder de direção no processo (conforme Relatório sobre o projeto Preliminar do CPC italiano).

A propósito, até Otto Bahr, em 1885, formulava que a liberdade total de ação dos litigantes se constituía numa desmoralização do processo. Todavia, tratava-se de antigo preceito do processo germânico, o qual, segundo Wolfgang Bernhardt, tinha sua razão de ser, assim como tem o processo, que consiste na ordem jurídica para a comunidade e que pertence ao Estado, sendo, portanto, público e não das partes, razão pela qual é impossível entregar a sua marcha a estas últimas.

Desta feita, Chrysolito de Gusmão (op. cit., p. 16) propõe um maior aumento dos poderes do juiz, posto que para ele o processo "não pode ter e não tem outro fim senão o triunfo do direito e da verdade, que não são uma derivação do interesse privado das partes, mas um escopo colimado pelo Estado, a que aquelas podem, em dadas condições, ser submetidas", e continua: "O juiz não exerce uma função privada, não é o árbitro das partes; exerce uma função do Estado; e se o Estado deve a justiça, deve-na justa, simples e rápida, não sendo lógico nem consentâneo, deixar às partes ou a seus advogados a satânica faculdade de entravar ou retardar o curso da justiça". Percorrendo o mesmo caminho, Clito Fornaciari Júnior, apud Magno Araújo (1983, p. 103), durante o Seminário que teve por objeto a "Atuação da Justiça", em Guarantinguetá, em meados de 1983, já propugnava que se devia atenuar o princípio dispositivo para o fim de dar ao processo maior celeridade e rapidez nas questões judiciais.

A dispositividade da prova pelas partes no processo leva-o à busca de uma verdade formal, não uma verdade real, já que o juiz, num sistema de princípio dispositivo puro, tem de ficar inerte quanto à produção das provas, aguardando sua produção pelas partes. Ora, o litígio jurídico, segundo Mortara, não é uma academia jurídica, mas o campo em que se procura a verdade real conforme critérios racionais e honestos. A verdade judiciária, consoante Chrysolito de Gusmão, também não é uma realidade diversa da verdade comum. Cabe ao juiz velar para que as provas sejam produzidas tão completas e exatas quanto possível, sob pena de se tornar um processo imaginário.

As partes devem ser livres no que diz respeito ao direito material deduzido em juízo, ou seja, ao objeto da relação jurídica processual. Porém, como diz Cappelletti, não o devem ser do processo, do instrumento processual, daí porque a dispositividade deve ao menos, segundo ele, ficar circunscrita unicamente nas alegações e na fixação dos limites objetivos e subjetivos da relação processual.

Permitir em absoluto a passividade do juiz é expô-lo, como salientava a Exposição de Motivos do Projeto austríaco, "a um perigoso contraste entre sua consciência e seu dever de ofício, contraste que não poderia deixar de ter sérias conseqüências" para a ordem jurídica, além do que, o mais perigoso, a verdade real jamais se revelará.

Importante é a conclusão de Silva Jardim (op. cit., p. 45) ao classificar de injusto e desigual para as partes um processo dispositivo, o qual possui uma premissa falsa, pois muitas vezes deixará uma daquelas de exercer uma faculdade processual dada sua debilidade econômica ou cultural. Além disso, se o Estado realmente tem interesse na sua solução dos conflitos, estes tem de ser resolvidos de forma justa, pois o ideal da justiça não se coaduna com julgamentos formais.

3.10. MEDIDAS DE MELHOR PROVER - A CONCILIABILIDADE ENTRE PRINCÍPIO DISPOSITIVO E O INQUISITIVO

Ao lado do princípio dispositivo e inquisitivo, em face principalmente das severas críticas que vinha recebendo o primeiro, já nos primórdios do século XIX, uma aliança começou a surgir, isto é, a combinação entre a disposição processual das partes, de um lado, e um aumento dos poderes do juiz, de outro. Esse enlace recebeu a denominação de *medidas de melhor prover* para a doutrina hispano-americana, a qual será adotada neste livro como forma de intitular essa união.

Além das críticas anteriormente referidas, que contribuíram para o fortalecimento do aumento dos poderes do juiz no processo, questões de ordem políticas e filosóficas que penetraram na ordem jurídica também influenciaram a mudança.

Ao que tudo indica, a combinação pareceu nascer primeiro nos outros estados alemães e após na Prússia, entre os anos de 1846-79. Foram vagarosamente aumentados os poderes do juiz, o qual passou de espectador inerte a diretor ativo do processo, pois, como assinala Araújo Cintra (op. cit., p. 61), "coube-lhe não só impulsionar o andamento da causa, mas também determinar as provas, conhecer *ex officio* de circunstâncias que até então dependiam da alegação das partes, dialogar com elas, reprimir-lhes eventuais condutas irregulares". Além da Alemanha onde a combinação teve seu berço, também em meados do século XIX começaram a surgir seus efeitos na Áustria e Itália, chegando até o nosso ordenamento processual já em 1939.

Apesar de não passar um sistema dispositivo ou inquisitivo puro de mera teoria, eis que jamais qualquer legislação assim o adotou, o ponto de equilíbrio entre eles não é questão meramente técnica, como afirma Calamandrei, mas diz respeito ao interesse público e a iniciativa privada do direito substancial, do qual o processo é instrumento.

Bunsen, referido por Millar (op. cit., p. 83), já salientava que havia uma predominância de um sobre o outro: "Junto con el principio de impulso del proceso por las partes, va siempre y forzosamente la potestad del juez, en escala mayor o menor, para dirigir y controlar el procedimiento". Na doutrina tedesca este tipo de atividade recebeu o nome de *Prozessleitung* (condução da causa), cuja melhor tradução, segundo Millar, é "direção de procedimento", ou, ainda, para atender Engelman e Kleinfeller, "poder diretivo" do tribunal.

Com tal tipo de atividade por parte do juiz, no campo probatório o princípio dispositivo se atenuou bastante e no estado atual está quase que restrito à alegação dos fatos. É uma autêntica reforma legislativa que ocorreu, como sustenta Couture (op. cit., p. 161):

"Aceitando a opinião dos autores do século passado e começos do atual, no sentido de considerar o problema do ônus da prova como pertencente a uma fase do direito já definitivamente superada, vem-se abandonando a solução que é ainda consagrada nos códigos hispano-americanos, e que consiste em repartir de antemão a atividade probatória entre as partes, procurando-se, ao contrário, aproximar o juiz civil do penal, confiando-lhe uma iniciativa considerável em matéria probatória".

É claro que um poder maior do juiz no campo probatório não retira, como equivocadamente crê Couture, o caráter da distribuição do ônus da prova entre os litigantes. O ônus continua a existir, mas os poderes do juiz acerca da disposição do material probatório é que foram aumentados. Pode ele agora produzir provas de ofício, mas isto não significa que as partes estejam livres para obrar ou não no processo; muito pelo contrário, o que se concedeu ao juiz foram medidas processuais a fim de desvelar o direito e fazer justiça no caso concreto, buscando corrigir a desigualdade que havia quando a verdade era somente formal. O que se procurou foi um maior poder diretivo do juiz frente às partes, jamais significando a exoneração daquelas no tocante à busca do material probatório. Permaneceu assim o princípio dispositivo, porém em matéria de direito probatório ele está atenuado. Aliás, chega-se ainda a afirmar que o poder que exerce o juiz dentro dum processo dessa matiz não é nem inquisitivo, nem dispositivo, mas é da natureza das funções dele (Sebastião de Souza, *apud* Figueiredo Teixeira, op.cit., p. 225).

Como quer que seja, prevalecendo o ônus subjetivo da prova nas mais diversas legislações, onde ela serve a ambas as partes litigantes, pode-se comungar com Lopes da Costa (op. cit., p. 387) quando afirma que um processo em que existe a perfeita sintonia entre princípio dispositivo e inquisitivo não se reconhece exclusividade de um ou de outro em matéria de direito probatório. A inquisitividade consiste, nesse sistema eclético, em não somente o juiz impulsionar o andamento da causa, como também determinar a produção de provas, conhecer de ofício certas matérias, cuidar da observância de prazos, reprimir e regular a conduta das partes, conforme Pereira de Souza (op. cit., p. 123). Serve, assim, como assevera Celso Agrícola Barbi, para esclarecer os fatos, jamais significando produzir prova contra o autor ou contra o réu. É um poder diretivo para apurar as alegações das partes, para fazer justiça e não para beneficiar qualquer figurante da relação jurídica processual.

Os poderes do juiz, que outrora melhor se traduziam por arbitrariedades, agora passaram a ter a melhor acepção de deveres, os quais o Estado lhe outorgou a fim de exercer com êxito e da melhor forma possível o comando jurisdicional.

Para Giovanni Cristofolini, ao redigir sua "Relazione sul Progetto Preliminare del Codice di Procedura Civile", o motivo pelo qual se deve um maior aumento dos poderes do juiz no processo é a desconfiança das partes e sua falta de preparo, daí porque se deve ter mais severidade e rigor.

Sem dúvida alguma o juiz não pode passar a advogar para uma parte, sob pena de comprometer sua imparcialidade na demanda. Mas o que quer significar a asserção supra diz respeito a medidas coercitivas para obstar atos de caráter protelatório, tão vulgarmente utilizados pela parte que se beneficia com a justiça demorada e lenta, e que causam, por outro lado, sérios prejuízos à adversa, que muitas vezes não vê reparado o dano sofrido, posto que a própria legislação beneficia em certos casos a parte aproveitadora.

Aliás, no tocante à imparcialidade, sustenta Cappelletti que esta deve dizer respeito ao objeto do processo, não ao processo em si, pois o juiz, sendo parte na relação jurídica processual, não pode ser imparcial. Ora, isto é evidente, senão gritante, já que o julgador não só pode como deve ser parcial ao terminar o ofício jurisdicional, posto que, do contrário, não iria haver um pronunciamento de mérito, porque é obrigação sua entregar às partes o direito de cada qual. O juiz, como bem lembra Barbosa Moreira (1984, p. 180), ao tomar iniciativa de determinar a realização de uma perícia, "não pode prever, advinhar qual será o resultado daquela diligência e, portanto, a qual das partes a sua iniciativa em verdade beneficiará". Por isso mesmo não pode ser ele taxado de parcial. É importante então fixar que a parcialidade ou não do juiz se vai se revelar no processo não se dará no momento de produção das provas, pelo contrário, irá refletir em todo o feito. Se tal produção irá beneficiar uma ou outra parte isto não importa, o que importa é que o juiz exerça poderes delegados pelo Estado para cumprir sua missão como servidor público que é, de fazer Justiça, quer esta prejudique A ou B. Apesar de Chiovenda mencionar que o processo é similar a um jogo, onde a habilidade é permitida, salienta ele que esta não há de se entender como chicana ou trapaça. A verdade tem de se desvelar. Como já profligou Baptista Lopes (1984, p. 25), os poderes não constituem privilégios ou vantagens da pessoa do magistrado, mas se destinam a assegurar a efetiva e real prestação da chancela judicial. Por outro lado, também pode se assegurar juntamente com ele que, "Quando tivermos um Poder Judiciário forte e autônomo, teremos também uma advocacia valorizada e qualificada, com resultado benéfico a todos os jurisdicionados".

Para Betti, a combinação que houve entre o princípio dispositivo e o inquisitivo deve ser vista em dois momentos: a) o da determinação dos fatos por provar; b) o da averiguação ou produção das provas.

Na determinação dos fatos por provar deve o juiz se ater às afirmações das partes. É a aplicação do princípio dispositivo em sentido puro e se consubstancia na decisão a ser proferida nos limites em que a lide foi proposta. Ao juiz é vedada a busca de novos fatos não pertinentes aos debates. O que deve ser provado é o que diz respeito ao objeto da demanda.

O momento da averiguação dos fatos afirmados ou da produção das provas significa que o juiz tem algumas faculdades nos meios de prova: "Na avaliação das provas deve o juiz ser livre, porque nesse terreno - da mesma forma que na crítica do direito alegado - as partes não podem reconhecer qualquer autoridade além dele. Exatamente por isso, o juiz tem poderes para intervir na instrução do processo, usando *ex officio* de alguns meios de prova, se oportunos, e da faculdade de disciplinar as modalidades dos meios de prova" (Betti, *apud* Amaral Santos, 1952, p. 107).

Carnelutti, como informa Amaral Santos (1952, p. 108), não dissente muito de Betti ao afirmar que o juiz não pode procurar, e nem mesmo escolher, por si, provas cuja investigação compete à iniciativa das partes.

Em suma, para esses dois processualistas italianos, se deixa tudo como está, pois se o juiz não pode buscar nos fatos as fontes de prova, é certo que em um sistema dispositivo puro pode ele utilizar todos os meios de prova possíveis e imagináveis a fim de formar seu convencimento, pois do contrário a produção das provas voltam ao sistema romano primitivo: não são destinadas ao juiz, mas ao adversário.

Já Calamandrei, ao transcrever em seu escólio as palavras lançadas no Relatório Preliminar do CPC Italiano por Grandi, para o qual o equilíbrio entre os dois princípios consiste em que a natureza da relação substancial não entre na relação processual civil e vice-versa, assevera que o novo Código melhor recebe a denominação de impulso da parte estimulado pelo juiz, no qual coexistem o impulso dos sujeitos da relação jurídica de direito adjetivo, autor, réu e o juiz.

Peyrano, após taxar de cego, surdo e mudo o juiz que assiste à demanda num princípio puramente dispositivo, do qual ele não passa de um fantoche, senão é parcial, afirma que na prática, mesmo nesses sistemas, existem medidas de melhor prover, a fim de que o julgador possa sentenciar com maior acerto.

Define ele (op. cit., p. 76) que as medidas de melhor prover são "facultades discrecionales que puede emplear el tribunal preocupado com la sospecha de que las pruebas aportadas al proceso no son suficientes para esclarecer la verdad real o 'histórica'". Trata-se, então, da maior manifestação do princípio de autoridade do juiz no processo, a qual, ainda de acordo com Peyrano (op. cit., p. 73), "implica el trânsito del 'juez espectador' al 'juez director'; formula ésta, debida a Alcalá-Zamora, que ha sido bien recibida, excepción hecha de algumas críticas aisladas".

Vê-se assim, da síntese do escólio de Peyrano, a frontal discórdia entre suas alegações e as de Betti e Carnelutti, denotando, pois, que jamais pode se ter um juiz inerte nos meios probatórios num sistema que adotou a conciliabilidade do princípio dispositivo com o inquisitivo. É tal qual explica Chiovenda, segundo Peyrano (op. cit., p. 71): "En el proceso civil moderno el juez no puede conservar la actitud pasiva que tuvo en el proceso en otros tiempos. Es un principio del derecho público moderno que el Estado hállase interesado en el proceso civil; no ciertamente en el objeto de cada pleito, sino que la justicia de todos los pleitos se realice lo más rapidamente y lo mejor posible [...] El juez, por lo tanto, debe estar provisto también en el proceso civil, de una autoridad que careció en otros tiempos".

Conceber que o juiz só possui amplos poderes nos meios probatórios, como quer Betti e Carnelutti, é retroceder mais de um século. É o retorno preocupante do individualismo liberal pregado nos tempos em que a justiça era desigualitária e não humanista, em que o forte prevalecia sobre o fraco, enfim, um processo que estava impregnado por uma ideologia em que o juiz podia fazer justiça com as mãos e os pés atados.

3.10.1. Limites

Ao se estipular os limites para a aplicação das medidas de melhor prover, se quer dizer quais as fontes que pode usar o juiz na busca do material probatório e quais os meios admissíveis, ou seja, quais os limites do poder de busca e apreciação pelo julgador no processo quanto ao tema probatório.

Betti, assim como Carnelutti, apontados anteriormente, já profligaram que o juiz é livre nos meios de prova, contudo as fontes de prova ainda continuam a depender da apresentação das partes litigantes. Explica o segundo (1982, p. 150): "[...] el juez no puede ir por si mismo a buscar testigos o documentos; debe interrogar a los testigos y examinar los documentos que la parte le indica. Pero no hay ningún límite al poder del juez en lo que respecta, en cambio, al medio de prueba; una vez puesto ante el hecho que debe conocer, el juez es eternamiente independiente de las partes en lo que atañe al ejercicio de sua actividad perceptiva y deductiva". Por isso mesmo, traça ele, *apud* Amaral Santos (1952, p. 108), os seguintes critérios que atenuam o princípio de disposição das partes e que aumentam os poderes do juiz: "a) não exclui a iniciativa do juiz quando se trata de inspeccionar as coisas que constituem o objeto da demanda; b) não exclui a iniciativa do juiz, quando se trata de interrogar as testemunhas indicadas pelas partes; c) não impede também que, para a avaliação das provas oferecidas pelas partes, empregue o juiz regras de experiência, não indicadas pelas partes, e, por isso mesmo, empregue seu conhecimento privado; d) não exclui, enfim, que o juiz possa, por si, sem iniciativa das partes, fazer intervir, no processo, técnico que o assista na percepção e avaliação dos fatos".

Como já salientado, não existe em nenhum sistema um princípio dispositivo ou inquisitivo puro. O que existe é uma certa predominância de um e conseqüentemente uma atenuação do outro. Por isso mesmo, tamanhas faculdades que possa exercer o juiz no processo, conforme Carnelutti, não passam de um poder diretivo que ele exerce em qualquer dos dois sistemas, pois se o destinatário das provas não é outro senão ele, é certo que, não obstante qualquer prevalência de um dos dois princípios, as utiliza a fim de formar sua convicção acerca das alegações das partes e para poder proferir um pronunciamento de mérito. É, na verdade, um mínimo de poder que o legislador outorga ao juiz para que ele, investido como órgão jurisdicional, possa cumprir a sua tarefa de proferir uma sentença (sentir).

Idêntica à de Carnelutti é a opinião de Betti, mencionada por Amaral Santos (op. cit., p. 107): "Assim, poderá o juiz, *ex officio*, quando necessário, inspecionar os lugares ou examinar as coisas; pedir esclarecimentos aos peritos ou determinar nova perícia por meio de perito de sua confiança, bem como, quando considerar necessária a assistência de um técnico para a percepção ou a avaliação dos fatos, ordenar prova pericial por meio deste; deferir o juramento a uma das partes, ou por disso depender a decisão da causa, ou somente para fixar na condenação a quantia devida; determinar sejam ouvidas as testemunhas referidas; interrogar as testemunhas, no sentido de esclarecer a verdade".

Por outro lado, há ainda autores que, embora não neguem que o juiz possa trazer para o processo fontes, somente admitem este poder quando já existe prova adminicular, isto é, princípio de prova. Para essa parte da doutrina, o juiz somente poderá ir em busca do material probatório quando já exista no processo alguma fonte, pelo menos uma, já produzida por uma das partes. Assim Peyrano (op. cit., p. 85), para o qual compete ao juiz ir em busca do material probatório para completar ou esclarecer provas já diligenciadas, sob pena de haver quebra do princípio dispositivo; Cappelletti, *apud* Dall'-Ágnol Júnior (op. cit., p. 104), afirmando que somente o juiz pode apreciar de ofício fatos constitutivos; Moacyr Amaral Santos (1990, p. 551), nos casos em que houver necessidade de maior esclarecimento da verdade, porém em caráter supletivo; Humberto Theodoro Júnior (op. cit., p. 452), mais flexível, sustenta que pode o juiz buscar *ex officio* o material probatório naquelas ocasiões em que "as partes se desincumbiram de forma incompleta o *onus probandi*".

Seja como for, razão assiste a Cappelletti (1973, p. 79) quando afirma que mesmo nos países onde vigora um princípio inquisitivo rígido é raro que a parte não apresente prova de suas alegações: "[...] en la practica, es más bien poco frecuente asumir pruebas de oficio, dado que es raro y anormal que la parte que alega un hecho favorable a ella, ni pida también la asunción de los medios de prueba dirigidos a demonstrar su verdad".

Melhor é a demonstração de Agrícola Barbi (1988, p. 531), que defende a tese de que o juiz, no campo do direito probatório, é livre para produzir todo o tipo e qualquer fonte. Porém, a questão não é bem assim. Tomando-se por premissa o art. 334 do CPC pátrio, o qual arrola quais os fatos que independem de provas, de alguns está o juiz impedido de produzi-las enquanto que nos outros entende-se até ser necessária a produção *ex officio*.

Primeiramente, diz o citado artigo que independem de provas os fatos notórios. Sustenta Micheli (op. cit., p. 117), parafraseando Betti e Scandiani, que, quando existe numa relação processual a alegação de um fato notório por uma das partes e há a contraposição pela outra, o juiz deve ter como verdadeira a alegação da primeira, isto é, a alegação do fato notório. Pavanini, *apud* Micheli (ibidem), pelo contrário, assevera que, se a situação for assim resolvida, haverá uma quebra do princípio dispositivo. A par dessas considerações pode se chegar à ilação que vedado está ao juiz produzir prova contra um fato notório. É que, pela conceituação e pela dispensa que o legislador faz da prova deste, só caberia à parte que discordasse propor prova contrária nesse sentido, pois se o fato é tido como notório, certamente para o juiz também o é.

Seguindo essa linha, no inciso dois do mesmo artigo, consta que independem de provas os fatos afirmados por uma das partes e confessados pela parte contrária. Alega Humberto Theodoro Júnior (op. cit., p. 452) que o juiz não pode produzir prova contra a confissão. Entretanto, uma vez que o juiz se proponha a fazer justiça no caso concreto e particularizado, pode ele produzir, de ofício, qualquer fonte que venha a desnaturar qualquer tipo de confissão genérica (extrajudicial ou judicial escrita ou verbal, espontânea ou provocada, expressa ou tácita), porém somente quando operar no espírito dele um fundado receito quanto à possibilidade da mesma causar um prejuízo a terceiro ou até mesmo que sirva de um meio de burlar a lei. Ocorre, contudo, que merece um certo respaldo quando se trata de confissão da qual parte é favorável ao confitente e outra parte lhe é desfavorável, recaindo nesse caso no princípio da indivisibilidade daquela. Nesta situação, se a parte contrária quiser invocá-la como prova, o juiz poderá utilizar da faculdade que lhe foi conferida para produzir prova em contrário, de acordo com as finalidades retroesgrimidas. Outrossim, tratando-se de confissão na qual a parte adversa do confitente não a quer utilizar, por uma questão de obviedade, ressalta aos olhos que vedado está ao juiz a produção *ex officio*. Eis a exceção.

De igual sorte, vedado que é às partes se utilizarem do processo para obter vantagens por meio de fins escusos e em relação a terceiros, também é facultado ao juiz, como diretor da relação jurídica processual, produzir prova contrária quando reputar que os fatos tidos como incontroversos, os quais não necessitam de provas nos termos do inciso III do citado artigo, são utilizados como chicana para embelicá-lo no ato do pronunciamento jurisdicional de mérito e conseqüentemente fraudar a lei ou prejudicar terceiros.

No caso das presunções, constantes no inciso IV do artigo 334 do CPC, entende-se ser vedada ao juiz a produção da prova de ofício quanto às chamadas legais ou *iuris et de iure*. Porém, quanto às presunções relativas ou simples, também denominadas *iuris tantum*, estas sim pode usar o juiz de poder de direção, aplicando-se tudo quanto visto anteriormente para os fatos notórios.

Por exceção ao princípio de que o direito independente de prova, temos o direito municipal, estadual, estrangeiro e consuetudinário. Tal exceção redunda que, uma vez determinada pelo juiz sua produção e a parte que o alega não provar a existência e o teor, pode o julgador perquirir, ir buscar fontes probatórias, para apurar a verdade concreta e real da situação jurídica controvertida, tomando-se por isso mesmo o direito alegado não mais como uma norma especial que seria aplicada na relação litigiosa, mas como um simples fato, funcionando sua produção *ex officio* como meio de formar sua convicção a fim de proferir um pronunciamento jurisdicional de mérito de maneira que transpareça a verdade real.

Assim, fora as exceções vistas, pode o decisor sempre, mesmo que não haja princípio de prova, ir buscá-la de ofício, a fim de que resplandeça no processo sua mais importante missão, qual seja, a de fazer Justiça. Deve, contudo, como forma de preservar sua imparcialidade, ignorar a qual das partes vai favorecer, e se favorecer, posto que jamais será sabedor o juiz a que levará a prova por ele determinada e produzida, pois que não possui bola de cristal e muito menos é vidente. Há de se ater sempre à verdade real e efetiva dos fatos, mesmo que para isso seja taxado de parcial, pois melhor é se ter um processo em que, se não houver uma verdade absoluta, haja ao menos uma certa afinidade com a verdade real, do que um processo imaginário, em que a decisão não se assenta sobre fatos mas meras alegações.

3.10.2. Momento, notificabilidade e contraprova

Ressalta Peyrano a existência de duas correntes sobre o momento no qual pode o juiz determinar provas de ofício: uma propõe que só se pode dar até o momento da produção das provas pelas partes e outra que permite a produção *ex officio* em qualquer estado em que se encontre a causa.

Entende-se ter um melhor posicionamento a segunda corrente, pois, como diz De Paula (1968, p. 302), "Há provas supervenientes, provas contrárias e outras que surgiram no correr do feito, e essas tem que ser admitidas, pois é dever do juiz esclarecer o feito. É por isso que a lei lhe dá o direito de converter o julgamento em diligência".

É assim um poder do juiz abrir a conclusão dos autos que se encontram para a sentença, a fim de diligenciar buscas nas fontes probatórias, quando, por seu juízo, o processo não se encontra em condições plenamente satisfatórias para permitir um pronunciamento de mérito com segurança. Portanto, frise-se, é uma faculdade concedida a qualquer momento ao juiz de primeiro grau, porém somente até a sentença, eis que aí o juízo termina e acaba com o ofício jurisdicional. Por outro lado, há de se entender também como juízo qualquer instância ou tribunal, os quais seguem as mesmas regras acerca do momento da produção *ex officio*.

Pautada a relação litigiosa pelo princípio da publicidade dos atos processuais, concomitante ao do contraditório, tem de ser intimadas ambas as partes litigantes acerca da proposta do juiz em buscar provas *ex officio* e também do momento de sua produção, pois, segundo Parodi, citado por Peyrano (op. cit., p. 88), "las partes pueden intervenir en ellas y controlarlas," além do que uma testemunha, por exemplo, "pueda ser tachada por la parte conocedora de su parcialidad o ser repreguntado".

Entende-se ainda que, uma vez aberta pelo juiz a conclusão dos autos para ordenar a produção de determinada prova, nada mais caberá às partes senão intervir no ato processual designado a fim de acompanhá-lo, descabendo, por conseguinte, como erroneamente afirma Ayrragaray, abrir prazo para a produção de contraprova.

Não se justifica seu entendimento, assim como o de Peyrano, de que a abertura de prazo para a apresentação de contraprova sirva como um meio de estabelecer uma igualdade e equilíbrio entre as partes, já que uma determinação de provas *ex officio* pode ser benéfica ou prejudicial a qualquer delas.

É que o princípio da igualdade de tratamento diz respeito à figura do julgador em relação aos demais sujeitos integrativos da relação jurídica processual. É entre estes últimos que há de pairar uma relação de equilíbrio e não em relação ao juiz. Aliado a isto, tem de se somar que o momento de produção das provas pelas partes é um só, qual seja, o da audiência de instrução. Se não dispuseram ambas as partes do prazo fornecido, cujo momento se consuma logo após o saneamento do processo, para apresentarem as provas de suas alegações, não será este coincidente com aquele determinado por uma diligência de melhor prover, ressalvando-se que, neste caso, dita produção de prova de ofício se dá após a realização da audiência de instrução. Com muito mais razão não se justifica a abertura do prazo para o oferecimento de contraprova quando determinada fonte é produzida *ex officio* na realização daquela audiência, porém tem de se atentar que agora já há uma anterior cientificação da mesma.

O certo é que ambas as partes devem ser intimadas para a produção de provas *ex officio*. Não obstante, o momento da produção das provas por elas é um só, na audiência de instrução. Também não há como se conformar que a abertura de contraprova se justifique no esteio de que uma produção de oficio pode ser benéfica ou prejudicial a um dos sujeitos, isto porque não se há de conceber que haja benefício ou prejuízo na realização da Justiça. Quando o juiz determina a produção de provas de ofício, se presume que ele não é ele sabedor do resultado que ela trará, pois, na melhor das hipóteses, essa produção trará para o processo a verdade real - os fatos tais quais aconteceram - a fim de que a tutela jurisdicional seja entregue de maneira equilibrada. A prestação da tutela judicial, como afirma Chiovenda, é substitutiva. Tem ela por escopo realizar o direito por intermédio do órgão judicial. Por isso, se razão assiste ao autor ou ao réu, nenhum prejuízo lhes trará a produção de prova de ofício. Apenas será outorgado a algum deles o bem perseguido em juízo.

3.10.3. Conseqüências jurídicas

A primeira das conseqüências que se pode apontar com Cappelletti é que o princípio dispositivo, em sua moderna configuração, significa apenas a iniciativa das alegações e dos pedidos pelas partes. A iniciativa das provas já não é mais privativa daquelas, podendo o juiz, como diretor do processo, determinar e produzir as que ache necessárias.

Diz ainda o autor retro (1974, p. 106) que a liberdade das partes não fica limitada pelo fato de se ter dado mais poderes ao juiz, já que em um processo em que este último pode agir de ofício em matéria probatória não se qualifica como um processo inquisitório (1973, p. 39). Aliás, Calamandrei (1973, p. 406) coloca-se no mesmo plano: "...conferir al juez el poder de escoger y de utilizar por sí los medios de prueba que considera más idoneas para constatar la verdad en el ámbito delineado por las peticiones de las partes no está en oposición con el carácter disponible de la relación controvertida".

O que ocorre, isto sim, é que, com o passar do tempo, o princípio dispositivo vem sofrendo reexames. Apesar de agora somente estar restrito à fórmula *iudex secundum allegata partium judicare debet*, continua a ser o mesmo princípio.

Não se pode dizer que a mudança atenuou em grande parte a diferença entre princípio dispositivo e inquisitivo, porque o que houve no primeiro foi uma redução, enquanto o segundo permaneceu intacto. Destarte, a redução do alcance do princípio dispositivo não o fez aproximar-se do inquisitivo. Longe disto, já que continua tudo como está, salvo agora uma faculdade a mais conquistada pelo órgão judicial no tocante à disponibilidade do material probatório.

Como afirma Wolfgang Bernhardt (1939, p. 470), "a competência do juiz para proceder oficialmente a investigação não significa que as partes estejam libertadas do encargo de proporcionar a matéria do processo", permanecendo, de conseguinte, o oferecimento do material probatório também por elas. Barbosa Moreira (1985, p. 147) já dissera, também, durante o Simpósio Internacional de Processo Civil, realizado em Coimbra, no ano de 1984, que a "ampliação dos poderes do órgão judicial não tem como contrapartida necessária o amesquinhamento do papel das partes, nem a eliminação, ou sequer a redução, das garantias a que fazem jus, e tampouco da responsabilidade que pesa sobre elas". Chega ele ainda a garantir que a produção *ex officio* de provas funciona como um fator importante na correção da desigualdade das partes, cuja premissa também não escapou ao Projeto Preliminar do Código de Processo Italiano.

Em suma, o que não se admite mais no processo, conforme ensina Calamandrei (1939, p. 257), é um princípio dispositivo rígido, caracterizado pelo individualismo liberal, mas sim um aumento dos poderes do juiz como forma de se restaurar o caráter publicístico do processo, sem que isto importe, contudo, em ato arbitrário. É na verdade uma molduração do princípio dispositivo na esfera judiciária atual ou até mesmo a terceira regra do ônus da prova, como quer Amaral Santos (1990,

p. 350), já que, nos dias de hoje, compreendê-lo como excludente ao inquisitivo, e vice-versa, é um autêntico absurdo.

3.10.4. Proposição das provas pelo MP

Apesar de todos os aspectos favoráveis das medidas de melhor prover, existem alguns escritores, entre eles Silva Jardim (1988, p. 52), que muito embora achem que a disposição do material probatório não pode ficar ao inteiro alvedrio das partes, também não pode ser produzido de ofício pelo juiz, uma vez que prejudicaria sua neutralidade e imparcialidade na causa e assim estaríamos caminhando para um processo inquisitorial.

A solução apontada, a fim de que prevaleça em todas as ações a verdade real, sem a intervenção do juiz em sua busca, é que o Ministério Público tome a tarefa de buscar em todas as demandas o material probatório, concomitantemente com a produção pelas partes: "Se não deve o juiz suprir das deficiências para não vincular-se psicologicamente aos interesses postos em juízo, comprometendo a sua indispensável imparcialidade e neutralidade, deve caber ao Ministério Público esta árdua função no processo civil, compatibilizando o princípio da verdade com o da imparcialidade do juiz" (ibidem).

As funções previstas para o Ministério Público nas mais diversas legislações são escassas. Ora atua como fiscal da lei, ora como parte; sua precípua função é atuar nas causas em que o objeto se consubstancia num interesse público, onde, pela prática que se demonstra diuturnamente, o juiz exerce com maior acentuação as diligências para a produção *ex officio* das provas. Daí, explica Calamandrei citado por Silva Jardim (op. cit., p. 56), o motivo de sua intervenção naquelas demandas: "Tanto en el proceso penal como en el civil, pues, la presencia del M. P. responde en sustancia a un interés público de la misma naturaleza: hacer que, frente a los órganos juzgadores, que para mantener intacta su imparcialidad no pueden menos de ser institucionalmente inertes, se despliegue en forma correspondiente de los fines públicos de la justicia la función estimuladora de las partes", e completa: "...hay necessidad de un órgano complementario del juez, como el M. P., creado para corrigir e o atenuar en los casos en que el interés público reclame, la institucional pasividad del juez, que, a fin de conservar intacta su imparcialidad, no puede moverse sino cuando otros lo estimulan". Carnelutti (1952, p. 74), após salientar a falta de reconhecimento do Ministério Público nas demandas - "el rendimiento de este colaborador del juez por lo menos en el proceso civil, es extremamente escaso: Y no puede menos serlo desde el momento en que tiene que funcionar como parte estando construído como un juez. El defecto de la acción del Ministerio Público está todo él, o casi todo, en el constraste entre su estructura y su función, en virtud del cual, en realidad, no hace casi nunca en las causas civiles nada que no pudiera hacer por sí mismo el juez; en general, expressa su opinión; es un consultor más que un agente" - explica a função nas causas de direito indisponível e de interesse público: "[...] tiene un oficio integrativo o supletorio de la acción de las partes, para el caso de que esta sea deficiente o insuficiente" (1971, p. 118).

Remontando as suas raízes históricas, dupla é a explicação de sua origem. Escreve Morizot-Thibault, referido por Chrysolito de Gusmão (op. cit., p. 77), que foi a concentração dos poderes na pessoa do rei que levou a França à formação jurídico-política daquele instituto, o qual adquiriu sua personalidade em 1670, tendo surgido da aliança da realeza com os juristas que, no ódio à nobreza, sustentavam as prerrogativas do monarca. Giovanni Carcano sustenta, ao contrário, que o Ministério Público deriva de uma instituição essencialmente política e de fins políticos criado pela monarquia francesa para trazer freada, sob as mãos do rei, a magistratura.

Ao que tudo indica, parece que a segunda posição é a que merece destaque, pois se de um lado Carnelutti (1971, p. 119) tem o Ministério Público como um juiz disfarçado de parte, Micheli (1970, p. 315), por outro, vê os poderes daquele serem muito próximos aos do juiz. Essas razões levam a Silva Jardim (op. cit., p. 54) a querer conceber o Ministério Público como uma magistratura requerente, que teria o papel de auxiliar a parte menos favorecida economicamente, já que, diz ele, esta tende a contratar profissionais menos capacitados para o exercício da advocacia, ficando com uma assistência jurídica menos qualificada.

Liebman (1960, p. 555) ressaltou que o legislador processual italiano tinha resolvido de maneira diferente a busca do material probatório nas causas de direito indisponível: confiou-a ao Ministério Público, porém ressalvando às causas de interdição e de inabilitação, nas quais podia o juiz produzir provas *ex officio*. Razão disso foi a jurisprudência que contribuiu para a inovação, já que nem mesmo a lei anterior tinha sequer precedentes.

No Relatório do Ministro da Justiça italiano já se dispunha que para aquelas causas de direito indisponível o processo devia ser totalmente desvinculado da iniciativa das partes, devendo se adotar então o princípio inquisitivo, cujos poderes instrutórios seriam confiados nem ao autor, nem ao réu, e muito menos ao juiz, para se salvaguardar a imparcialidade deste, outorgando-se assim essa tarefa ao Ministério Público.

Embora não negue que o fundamento do princípio dispositivo é a imparcialidade do juiz, Liebman (op. cit., p. 557) discorda da Exposição de Motivos do CPC italiano, bem como da opinião de Carnacini e Redenti, para afirmar que neste caso não se trata de um processo com características inquisitórias: "Na história e na teoria do processo penal, processo inquisitório sempre foi considerado aquele que tem como característica saliente o poder do juiz de proceder de ofício e de recolher liberalmente a prova; isto se contrapõe ao sistema acusatório, no qual se tem uma acusação proposta e sustentada por pessoa diferente da do juiz (geralmente pelo Ministério Público) e é excluída qualquer iniciativa e liberdade do juiz na busca de provas. É claro que por isso não se pode chamar corretamente inquisitório um processo que, seja pela sua proposição, seja pela busca de provas, não dependa do juiz, mas do ministério público".

Explica ainda Liebman que o problema reside em se ter como inquisitório um processo em que o Ministério Público tem faculdade de produzir provas, exatamente na dificuldade de se definir a posição daquele no processo civil em geral, pois se por um lado Allorio o tem como sujeito processual, parte, Satta chega a considerá-lo como órgão jurisdicional.

Desta feita, se Moacyr Amaral Santos vê como terceira regra do ônus da prova a proposição de provas *ex officio*, Liebman concebe como terceiro sistema a produção delas pelo Ministério Público. Haveria assim, no dizer do processualista, um sistema dispositivo, um inquisitivo e um terceiro que seria o do Ministério Público.

Razão assiste ao professor da Universidade de Milão (op. cit., p. 558) quando assevera que na solução dada nas causas de direitos indisponíveis e de interesse público do ponto de vista das partes a mudança seria de pequena acentuação, pois se as provas não forem produzidas pelo Ministério Público o serão pelo juiz e se não forem por este propostas o serão por aquele; do ponto de vista do juiz, aí sim, nada muda mesmo. Tanto o sistema dispositivo quanto aquele que confia os poderes instrutórios ao Ministério Público "tem em comum deixar o juiz em uma posição estranha à tratativa e passiva diante da iniciativa de outros sujeitos do processo [...]".

Com efeito, nada mudaria com certeza. É correto, como visto anteriormente, que uma outorga de maiores poderes ao juiz na produção de provas não transformou o sistema dispositivo em inquisitivo. Muito pelo contrário, houve apenas uma combinação, que pode se dizer que atenuou o primeiro. Contudo, não é um sistema inquisitivo mas um sistema em que transparece a verdade real, tal qual ocorreu no mundo dos fatos, e haja imparcialidade do juiz na decisão da causa. Porém, a outorga ao Ministério Público da função de colheita das provas, *data venia,* não resolve e nem atenua o problema. O que se quer, quando outra parte que não seja o autor nem o réu traz para o processo provas que as partes não produziram para esclarecer suas alegações se está falando é do juiz. É ele quem vai proferir a sentença, quem tem de estar convencido das alegações propostas e ainda quem tem as dúvidas, e que numa busca do material probatório se convencerá das alegações do autor ou do réu. Por mais esforço que fizer o membro do Ministério Público no processo para buscar determinadas fontes de prova até então não produzidas pelas partes, ainda assim poderá o juiz quedar-se em dúvida sobre se o que está apresentando corresponde ou não à situação fática.

Como já visto e repisado, a busca do material probatório pelo juiz não dá incidência de parcialidade na causa, pois o que se perquire, ante duas alegações, principalmente quando contrapostas, é se saber qual delas existiu fora dos autos. Não se trata de tomar por premissa uma alegação e sair em busca de provas. Isto não. Aí já seria parcialidade. Trata-se de ter o processo como um todo e de saber qual a parte veraz e qual a parte inverossímil.

Apesar do esforço daqueles que tentam outorgar ao Ministério Público uma acentuação em todos os tipos de feitos, a fim de lhe dar poderes para produzir provas e, em contrapartida, assegurar a imparcialidade do juiz, ficaria tudo como está, isto é, nada mudaria, pois se se tem de dar poderes a alguém no processo para averiguar os fatos, esta pessoa é o julgador, o qual, sem sombra de dúvidas, não irá comprometer sua imparcialidade na produção *ex officio* das provas.

4. Interesse do Estado no processo civil

Como já dizia Pontes de Miranda (1947, p. 402), a função judicial corresponde a uma das três principais funções do Estado, a qual assume dois papéis: realizar o direito objetivo e dirimir as contendas que perturbariam a ordem social e levariam para o campo da força bruta a solução entre indivíduos, ou entre indivíduos e grupos, ou, ainda, entre grupos.

Este segundo aspecto determina que os povos renunciaram à força e à vingança para confiá-la a um sujeito imparcial que é o juiz, o qual opera em um processo.

Assim é o processo, segundo Cappelletti (1973, p. 17), o "instrumento excogitado al objeto de componer las litis garantizando la efectividad - la observancia, y la reintegración para el caso de inobservancia - del derecho substancial.

Todavia, preceitua Peyrano (op. cit., p. 143), como "el fenómeno político y el mundo jurídico son una suerte de vasos comunicantes [...]" e "toda inovación política de envergadura acarrea, sin solución de continuidad, modificaciones en el proceso civil correspondiente", o processo reflete sempre a estrutura política dos países, no dizer de Pontes de Miranda (1947, p. 402), tanto que, para se realçar as bases do direito processual civil, é necessário partir do fato de que o processo se consubstancia numa instituição do Estado, o qual encarna a organização social e o processo reflete as idéias éticas, ideológicas e políticas que caracteriza uma determinada sociedade, como ensina Walter J. Habscheid, (1978, p. 118). Em suma, feliz é a colaboração de Cappelletti (1973, p. 15): "El derecho procesal ... puede considerarse, em cierto sentido, si se nos permite la metáfora, como um espejo en el que con extrema fidelidad se reflejan los movimientos del pensamiento, de la filosofía y de la economía de um determinado período histórico".

E é por assim ser considerado que, como explica Pontes de Miranda, em época de pujança e de melhora geral de cada um, ainda que insuficientemente, mantêm-se ou se cria o processo contraditório e que, em contrapartida, nos momentos de decadência ou regressão caracterizada, a inquisitoriedade exsurge.

Do ponto de vista do caráter ideológico do Estado influenciando o processo, segundo Franz Klein, o qual tem aquele como *Wohlfahrtseinrichtung* (instituição de beneficiência), ou seja, um instituto dirigido a promover o bem estar coletivo, ele pode ter três tipos de sistemas: autoritário, individualista e coletivo. Segundo Cappelletti (1973, p. 73), "el ordenamiento procesal autoritario, dominado por la exclusiva consideración del punto de vista de la autoridad dominante - que puede contemplar-se, por ejemplo, en el proceso tardo-romano y justinianeo; un segundo tipo, inspirado en una ideologia individualística, que se puede ver en el tardo proceso común (proceso común alemán, austríaco, etc., hasta las codificaciones del siglo pasado) y también en el proceso francés y italiano hasta la época en que el ator escribía; y finalmente un tercer tipo, que es que el proprio Klein ha elaborado, y que ha sido adaptado precisamente por el legislador austríaco en 1895". Assim, ainda de acordo com Cappelletti (1972, p. 117), "en un ordenamiento procesal de coloración acentuadamente individualística, la tendencia será la de considerar también la alegación del los hechos, como cosa de las partes privadas, 'Sache der Parten' [...] Diversa podrá ser, en cambio, la respuesta del juez de un ordenamiento procesal de colorarión autoritaria, el cual, celoso de la natureza genuinamente publicística de la propia función juridicional, se niegue a acoger la demanda del acreedor pagado [...] Y diversa, sobretodo, será la respuesta del juez de un ordenamiento de acentuada inspiración social, o acaso socialística, el cual será llevado a ver, también en los derechos individuales, un fondo o una coloración y función sociales, que no debe depender de las ocasionales o arbitrarias actividades, o de la inercia, o de la ignorancia, o del astro en suma, del sujecto privado".

O exemplo mais forte da influência ideológica do Estado no processo está, sem dúvidas, nas provas judiciais dos sistemas feudais. Basta para isso recordar que no campo probatório a ideologia, desigualitária que era, se manifestava na prevalência do testemunho de um rico sobre um pobre, de um homem sobre uma mulher, de um velho sobre um jovem e assim por diante.

De igual sorte, aos três tipos de sistemas caracterizados pela ideologia do Estado, correspondem também três tipos de sistemas probatórios como mostra Cappelletti (1972, p. 130): "El primer sistema, el de inspiración más acentuadamente liberal e individualística, en el cual todo se deja a la iniciativa de las partes privadas, ya sea la determinación del objeto del proceso y del juicio, ya sea el impulso mismo procesal y probatorio; el segundo es el sistema de inspiración más publicística, en el cual el juez tiene podres de impulso procesal aun sin poder intervenir, sin embargo, sobre el objecto deducido en juicio, queda sobmetido a la voluntad exclusiva y monopolística (no, pues, solamente social) en el cual el fenómeno de la desprivatización afecta además de la envoltura formal también al objeto mismo del proceso, a la *res judicanda*, en suma, al derecho subjetivo sustancial [...] El primer sistema acentúa y estimula la iniciativa del individuo, pero puede conducir a crueles situaciones de desigualdad sustancial; el segundo tendrá menor o mayor éxito según la calidad, honestidad, la sensibilidad de aquel que ha sido llamado elemento humano - 'the human element' - del procedimiento y por conseguiente, ante todo, según la calidad de los jueces, a los cuales el poder de dirección y de asistencia se atribuyen; el tercero, quizá excelente en las intenciones, puede llevar consigo el riesgo pesado de una opresión del individuo determinada en nombre de una a veces abstrata colectividad".

A característica essencial dos sistemas comunistas é a abolição, em princípio, da propriedade privada, ou melhor, como diz Cappelletti (1973, p. 18), "la abolición del caracter privado de los derechos sustanciales patrimoniales, reales y personales", fazendo com que o processo também espelhe, dessa maneira, um processo público, no qual o indivíduo não possui liberdade na disponibilidade dos direitos substanciais e processuais. O contrário só se verifica nos sistemas em que predomina a disponibilidade dos direitos individuais, em que existe a possibilidade do particular exercitá-lo ou não em juízo, isto é, provocando ou não a atividade jurisdicional: é o princípio de direito privado.

Tamanha é a influência das forças ideológicas e políticas no caráter interno do processo, público ou privado, socialista ou individualista, que nos últimos decênios do século XIX se viu a decadência de um sistema liberal, acondicionado na concepção francesa do 'laisséz-faire', cujo enfraquecimento foi oriundo da organização social e do surgimento das organizações dos trabalhadores, que teve como resultado o começo de uma legislação social nas nações mais adiantadas. Como exemplo, vale citar, com Cappelletti (1973, p. 86), o Código de Processo Civil austríaco, de 1895, tido por instrumento para educação e bem estar social: "el movimiento hacía la afirmación de un papel más activo del juez en la dirección del proceso refleja en cambio la creciente exigencia de intervenciones publicas en la economía y en general en la vida privada". Era a necessidade do caráter inquisitorial no processo.

Portanto, a primeira motivação para a adoção de um princípio inquisitivo é de índole política. Peyrano (op. cit., 125) afirma: "Todo gobierno autocrático exige la colaboración de jueces 'políticos' consustanciados com el régimen y a los que, sin peligro alguno, se los puede dotar de facultades irrestrictas que faciliten, geralmente, en desmedro de los derechos individuales [...]". Por isso é que a preocupação, por assim dizer, nos sistemas processuais inquisitivos, é do Estado, não dos particulares. Assim: a Prússia de Frederico, o Grande, exemplo de Estado totalitário e guerreiro, entre 1781-85; Alemanha hitleriana, inspirada no sistema prussiano do fim do século XVIII; Rússia comunista, sob o militarismo imperante. São todos países em que o juiz, em muitos casos, no dizer de Cappelletti (1969, p. 9), "pode pôr-se em atividade mesmo de ofício, sem que exista demanda de qualquer sujeito, quer público quer privado; e, em outros casos, pode julgar *ultra petita partium*. Até certos procedimentos de impugnação podem prescindir da iniciativa da parte, mesmo de uma parte pública (Ministério Público): o órgão judiciário superior põe-se em movimento *ex officio*". É, pois, como dizia Chrysolito de Gusmão (op. cit., p. 60): "no processo inquisitório as garantias da liberdade do cidadão cedem o passo aos interesses reais ou aparentes, verdadeiros ou falsos, duma entidade política que se coloca à parte - o Estado. A justiça é, então, essencialmente um meio, um instrumento de governo [...]", a qual, destarte, não existe para a Nação, mas para o Estado, e é exercida pelo Judiciário.

Exemplo característico está também, segundo esclarece Calamandrei (1973, p. 87), na Reforma do Código de Processo Civil italiano, em 1940, que outorgou maiores poderes ao juiz, dado a influência política no processo.

Nos sistemas onde predomina o princípio dispositivo, como salienta Carlo Furno (op. cit., p. 42), os interesses no processo civil correspondem a dois terços das partes e um terço do Estado, inversamente do que ocorre no processo penal: "en lo penal los intereses en conflicto no se encuentram en un mismo plano. De un lado está el interés del individuo. Del otro el interés antitético de toda la coletividad personalizada por el Estado".

Ainda segundo Carlo Furno, estes dois terços de interesse no processo civil decorrem do respeito que tem o Estado pelos interesses de seus cidadãos e é ele que justifica o princípio dispositivo.

De tudo isto, é de se sintetizar, parafraseando Calamandrei, que o Estado assume sua posição proeminente no processo civil, o qual é representado pelo juiz, através de uma outorga de poderes, de sorte a se considerar que um sistema onde vige a máxima dispositiva se caracteriza pela pregação de um individualismo liberal, enquanto naqueles sistemas onde vige a máxima inquisitiva se concebe um autoritarismo do julgador para os fins da justiça do Estado.

4.1. REFLEXOS DO DIREITO SUBSTANCIAL NO PROCESSO

Quando Lenin salientou que não reconhecia nada de privado, quis com isto se referir não só às normas de direito substancial como também às de direito adjetivo.

De acordo com a citação de Habscheid (op. cit., p. 120), Gustav Walker, colaborador de Franz Klein, autor do Código de Processo Civil austríaco, já fazia a relação: "O direito material e o processo relacionam-se entre si como o pensamento e sua expressão, e, tão certo é que o melhor pensamento expressado através de uma exposição desajeitada, pode-se frustrar; também, a melhor lei civil vale pouco, quando ao seu lado não estiver uma boa lei processual".

E não é por menos que os princípios processuais são reflexos do direito material. Segundo Cappelletti (1972, p. 380), "se puede ya desde ahora decir, en términos generales, que aquellos principios son reflejos, todos ellos, de una particularmente acentuada publicización del dereccho civil (sustancial)".

Os princípios processuais conservam as características comuns ligadas ao direito material. Tanto isto é verdade que a história do direito demonstra que se determinado interesse é particular assim as normas processuais haverão de tratá-lo. Porém, se a norma material diz respeito aos interesses de uma sociedade, as regras processuais que haverão de ampará-las serão públicas, daí dispositivas ou inquisitivas. Foi exatamente o que ocorreu no início do século pelos doutrinadores alemães: o processo devia se movimentar pela força única e exclusiva das partes, posto que o objeto do processo, o direito material invocado, lhes pertencia.

Portanto, eis a razão pela qual a disponibilidade de um direito material implica e até mesmo é causa da disponibilidade ou não do direito de demandar em juízo, ou seja, como sustenta Calamandrei (1973, p. 406), "El principio dispositivo es, en sustancia, la proyección en el campo procesal de aquella autonomía privada en los límites señalados por la ley [...]". É como diz Cappelletti (1969, p. 6), quando relata que aquilo que em determinado período histórico se apresenta como privado no ordenamento jurídico pode um dia vir a ser público: "Em alguns estudos fundamentais, a respeito do processo civil dispositivo e inquisitório, submeteu ele a magistrais demonstrações a tese de que a natureza da relação do *status* substancial deduzido em juízo, e particularmente a natureza 'disponível' ou 'indisponível' de tal relação ou *status*, influi profundamente nas regras técnicas processuais" e conclui a respeito Anton Menger ao insinuar que as diferenças entre o processo civil e o processo penal desapareceriam no dia em que fosse subtraído das partes toda e qualquer norma de direito substancial privada.

A disponibilidade ou indisponibilidade de um direito processual, ou o caráter público ou privado de um processo, decorre única e exclusivamente dos reflexos que irradiam as normas de direito substancial, as quais estão impregnadas da ideologia forte do Estado. Assim, o aspecto público ou privado do processo, sendo dependente do direito material, e este recebendo toda a carga ideológica do Estado, dá ao sistema, de conseguinte, um princípio dispositivo ou inquisitivo, segundo seja ou não tutelada pelo Estado a propriedade privada. Numa relação de causa e efeito, tem-se que os dois sistemas no processo dependem quase que totalmente da concepção ou não de se tutelar a propriedade privada. Clássico é o exemplo que nos sistemas socialistas o processo é todo ele predominantemente inquisitivo por causa da questão pública da propriedade. Assim, de acordo com Cepelletti (1973, p. 44) "Un derecho subjetivo es privado cuando se deja a la libre disposición del sujeto privado; y hemos visto que todo el ordenamiento jurídico que debe continuar reconociéndola también respecto del derecho de acción y de excepción, al derecho de impugnación, al derecho de composición amigable de la litis, etc".

Por outro lado, nos processos em que haja uma subtração total dos poderes das partes acerca das iniciativas supra arroladas e em especial ao material probatório, há nele uma direção pelo juiz, eis que ainda conforme Cappelletti (1972, p. 123) "una vez instaurado un proceso civil, el modo, el ritmo, el impulso del proceso mismo son separados de la disponibilidad, immediata o mediata de las partes, y por conseguiente también de las maniobras dilatorias y retardatorias de alguna de las partes, y regulados en cambio por la ley misma con normas absolutas, o bien - y más a menudo - por el juez con poderes discrecionales, en el ejercicio de los cuales él podrá y deberá tener en cuenta las concretas exigencias del caso, en un espíritu no de vejación, sino de activa colaboración con las partes", as quais não passam de meras colaboradoras do juiz, fazendo com que haja uma publicidade processual.

Como explica Cappelletti (1969, p. 12), "Esta publicização pode ser pura e simples conseqüência da abolição do *jus privatorum* e, portanto, conseqüência de radical publicização ou de socialização do próprio objeto do processo (como nos sistemas orientais)". Remontando a suas origens, Justino Araújo Magno (op. cit., p. 96) escreve em seu escólio que a publicização do processo civil ocorreu em virtude de seu caráter instrumental, já que seu objetivo é a tutela do direito substancial, público ou privado, tendo se originado na Áustria, a partir da promulgação da ZPO de 1895, que se espelhava numa concepção social, aumentando os poderes do juiz na formação e valoração das provas.

Já que a tendência no início do século era se dar à maior parte do processo civil um caráter público, tal qual propugnavam Savigny, Menger, Sabangi, Helupg e outros doutrinadores alemães, como informa Chrysolito de Gusmão (op. cit., p. 15), especialmente naqueles sistemas onde havia a direção material do processo, de acordo com Cappelletti (1972, p. 125), pois se outorgavam maiores poderes ao juiz - de intervenção, solicitação e estímulo (medidas de melhor prover) -, o qual, todavia, não podia se desvincular do poder dispositivo e exclusivo das partes, se procurou compatibilizar então caráter disponível do objeto com a publicização processual.

Sendo a atividade jurisdicional visceralmente pública, embora haja a disponibilidade das partes acerca do objeto da relação material privada, não podem elas dispor do processo. O ato jurisdicional é público. O direito material é que pode ser privado. Por esta razão é que, não obstante haja disponibilidade do objeto do processo, não se pode inferir que se passa a dispor da relação jurídica processual, a qual, por ora, como diz Barbosa Moreira (1984, p. 180), "vive sob o signo publicístico, e não sob o signo privatístico", posto que o impulso no processo é oficial.

No direito processual pátrio, que adotou as medidas de melhor prover, já em 1939 o preceito da publicidade do processo se desdobrava em dois artigos: 5º e 19. O primeiro dispunha: "Os atos judiciais serão públicos, salvo quando do contrário for exigido pelo decoro ou interesse social". Já o segundo rezava: "O pedido, verbal ou escrito, da certidão, narrativa ou teor, de ato ou termo judicial, será atendido pelo chefe da Secretaria do Tribunal ou escrivão de qualquer instância, independentemente de despacho".

Apesar de Weismann e Lopes da Costa assinalarem que o processo público é aquele em que prevalece a oralidade, ao contrário do escrito que seria secreto, tem-se nestes casos, fora as exceções assinaladas pelo legislador instrumental, e com razão, que o direito processual civil desde 1939 era de um colorido publicista. Não obstante tratar-se da prevalência da forma escrita, se consubstanciava ele num maior aumento dos poderes do juiz no material probatório e numa constante direção material do processo, seguindo o impulso oficial, em detrimento da concepção privada e individualística que ocorreu em tempos idos.

É de se salientar que hoje, nos processos mais adiantados, em que a disponibilidade das partes se circunscreve à relação jurídica de direito material, prevalece ainda o caráter publicístico daquele.

5. Princípio dipositivo, inquisitivo e medidas de melhor prover nas diversas legislações

Antes de adentrar no princípio adotado pelo legislador brasileiro no Código de Processo Civil, interessante é buscar, nas legislações alienígenas, especialmente nas mais avançadas, a extensão e o significado dado a cada um dos princípios em epígrafe, posto que em muito deles se inspirou o diploma processual nacional, precipuamente no italiano, que tem com o nosso uma série de afinidades.

5.1. NA ITÁLIA

Para quem quer estudar o direito processual civil italiano, já dizia o Ministro da Justiça no relatório que acompanhava o Projeto em 1937, há de se basear em alguns postulados políticos em geral, à luz dos quais devem ser examinadas todas as suas disposições. Segundo o Ministro, na citação de Calamandrei (1939, p. 256), "o problema essencialmente político que está na base da reforma é um aspecto do vasto problema da rastauração do princípio da autoridade. Até no campo do processo civil, o Estado deve reassumir a sua posição preemiente; deve reafirmar a indeclinável superioridade que lhe compete e executar o direito".

Em um escrito publicado originariamente em 1907 e apresentado em 1930 na Società Foro Italiano, em

Roma, o Projeto Chiovenda mencionava que se devia outorgar maiores poderes ao juiz, como órgão do Estado que era, o qual não devia mais assistir passivamente à lide, senão participar com força viva e ativa, posto que o Estado deveria estar interessado não no objeto da ação, mas no modo como ela se desenvolve.

De igual forma, Giuseppe Maranini (1939, p. 263), em parecer relatado na Faculdade de Ciências Políticas sobre o Projeto Preliminar do Código de Processo Civil da Itália, em 1937, corroborava a idéia de se lançar uma combinação entre o princípio dispositivo e inquisitivo, tendo como finalidade o auxílio do juiz às partes menos experientes, patrocinadas por advogados incapazes ou que atuassem com negligência, especialmente na produção *ex officio* do material probatório, após a proposta pelas partes, isto é, de caráter supletivo, garantindo assim ao processo maior elasticidade e agilidade.

Contudo, apesar de o Projeto Chiovenda defender um processo em que o juiz tivesse maior poder de direção processual, de maior investigação, além do que se pautasse pela predominância da oralidade, do princípio da concentração e imediação, acabou o processo civil italiano por abraçar o autoritarismo legislativo de que falava o Ministro da Justiça em detrimento do judicial, conforme nos informa Cappelletti (1973, p. 98).

Como não podia deixar de ser, o fator da reforma foi político, como esclarece Calamandrei (1973, p. 87): "Pero el factor decisivo, que ha hecho posible la actuación de la reforma preparada por la ciencia, ha sido indubidablemente el factor político", já que "Si el Código de 1865 fue, por razones históricas acaso ni siquiera advertida por sus autores, expressión de las primisas individualísticas que formaban la base del Estado liberal, el Código de 1940 quiere ser, de una manera decididamente consciente, la exprecíon histórica del actual Estado italiano", isto é, sob os olhos de Mussolini, cujo país se preparava para a Grande Guerra naquela data.

Embora iluminado por regime político autoritário, o Código Italiano não repeliu, mas consagrou o princípio dispositivo como observa Amaral Santos (1952, p. 16):

"Ainda se sente o amplo predomínio do princípio dispositivo, em contrário ao que Carnelutti propusera no seu projeto, na solução dada pelo código de processo à matéria referente à disponibilidade das provas, estreitamente ligada ao ônus probatório. Com efeito, esse código adotando o princípio *judex secundum allegata et probata judicare debet* - que os práticos traduzem pelo aforismo *quod non est in actis non est in mundo*..., em regra, e salvo as exceções, o juiz não poderá fundamentar suas decisões senão nas provas propostas pelas partes, ou pelo ministério público nas causas em que este funciona."

Como bem assinala Cappelletti e aqui cumpre corroborar, apesar da proclamada inspiração autoritária e das propostas encaminhadas, acolheu o CPC italiano uma concepção nitidamente privatística e individualística oriunda do direito civil, própria do século passado e de sua ideologia liberal. Aliás, o Caderno Material italiano, como assinala Cappelletti (1973, p. 99), "...se alineaba, en sustancia, en la tradición ochocentesca que proclamaba el carácter privado, y por ende disponible, de los derechos patrimoniales, y ese lineamento se reflejó incluso en el contemporaneo codigo de procedimiento civil", manifestando-se sobre várias formas no processo: "a) poder monopolístico de la parte de inicial el proceso (*nullum judicium sine actore*, art. 99); b) pleno poder de las partes de disponer negocialmente de lo objeto del proceso (argumento *ex arts*, 185 y 306); c) vínculo del juez a las demandas *(petita)* de las partes (art. 112, primeira frase); d) vínculo, además, del juez a las alegaciones *(allegata)* de las partes, si hay respecto a los hechos constitutivos, o sea también, a modo de máxima, respecto a los hechos impeditivos y extintivos, o sea a los hechos colocados en la base de las *exceptiones iuris* (art. 112, segunda frase); e) vínculo del juez a los *probata a partibus*, o sea a sus deducciones probatorias (art. 115, premier apartado); f) poder monopolístico de las partes de proponer las impugnaciones y de determinas sus límites y objeto".

Apesar do amplo poder de disponibilidade das partes no processo, sustenta Micheli (1970, p. 253) que ainda assim o juiz tem poderes muito amplos, mais amplos do que aqueles que a lei lhe concede, porém "por lo que concierne a la investigación de los hechos él está, sin embargo, obligado a respetar el principio antes enunciado y que fija un límite intraspasable as poder del juez", ou seja, é vedado produzir provas de ofício. É, por conseguinte, a conseqüência do preceito contido no art. 115 do CPC italiano: "salvo os casos previstos pela lei, o juiz deve pôr como fundamento da decisão as provas propostas pelas partes...". Segundo Calamandrei (1973, p. 405), essa conseqüência advém do caráter privado das regras de direito material, posto que se projeta no processo a autonomia privada, a qual não pode ser suprimida dos direitos dos particulares de disporem da própria esfera jurídica.

No mesmo sentido de Micheli, apesar da limitadíssima intervenção no processo pelo juiz acerca do material probatório, consegue ainda enxergar Cappelletti uma certa direção material dele quando se dá o interrogatório das partes. Para esse autor, a direção material ocorre porque no interrogatório da parte há uma função assistencial do juiz, especialmente naquele destinado a clarificação dos fatos da causa, pois sempre há a tendência de se manifestar uma certa atividade de socorro, equitativa e supletória.

Após fazer um bosquejo no diploma processual italiano, Moacyr Amaral Santos aponta os poderes conferidos ao juiz na direção do processo: "a) o juiz poderá, em qualquer fase ou grau do processo, ordenar o comparecimento pessoal das partes, para interrogá-las livremente sobre fatos da causa e extrair argumentos de prova das respostas que elas lhe dão; b) o juiz instrutor poderá nomear, de ofício, um consultor técnico e mesmo mais de um em casos excepcionais, com amplos poderes de investigação; c) poderá solicitar da administração pública informações escritas referentes a atos e documentos da própria administração, quando delas necessitar a instrução do processo; d) poderá proceder a inspeção de lugares, de coisas móveis ou imóveis, e das pessoas; e) poderá ordenar a feitura de cópias e mais reproduções, mesmo fotográficas e até cinematográficas, de objetos, documentos e lugares; f) no curso de inspeções ou das reproduções aludidas, poderá ouvir testemunhas para informações; g) o colégio judicante, o pretor e o conciliador poderão deferir a uma parte o juramento supletório ou o estimatório".

Ao traçar o legislador processual os poderes do juiz, de forma sistemática e enumerada, procurou ele, na verdade, limitá-lo nas fontes de provas e dar um maior abrandamento quanto aos meios, isto tudo, conforme se pode observar, para manter o julgador eqüidistante das partes por causa da temida parcialidade.

5.1.1. O juiz instrutor

Importante inovação feita pelo Código de Processo Civil italiano, apesar de receber duras críticas da maior parte da doutrina, é a criação da figura do juiz instrutor.

Tendo seu surgimento advindo da incompatibilidade que havia entre os trabalhos de pesquisa dos fatos e decisão da causa - imparcialidade, conforme Liebman (o. c., p. 561) -, surge o juiz instrutor, o qual, pela própria terminologia, faz a instrução da causa, a fim de que um órgão colegiado aprecie e profira a sentença.

O art. 175 do CPC italiano confere ao juiz instrutor todos os poderes dirigidos ao mais rápido e leal desenvolvimento do processo, podendo, destarte, não só admitir determinadas provas oferecidas pelas partes como também proceder a outros meios de ofício, salvo os reservados ao Colégio.

Tal poder de ofício que tem o juiz instrutor, segundo relata Moacyr Amaral Santos, resulta em que pode chamar para ouvir em juízo testemunhas referidas por outras testemunhas, bem como aquelas de cujos depoimentos tenha havido desistência (art. 257), disposição esta irretorquivelmente demonstrada por Micheli (1961, p. 172).

Assim adverte Pontes de Miranda (1947, p. 422): "o projeto preliminar italiano, quando outorgou ao juiz poderes instrutórios a requerimento das partes, ou de ofício, fê-los dependentes da necessidade de complementar a prova feita, ou quando novas circunstâncias sugerissem outros meios de instrução", ou seja, há a necessidade da existência de prova produzida anteriormente.

Deste modo, procede então a crítica levantada por Liebman (op. cit., p. 561) quando assevera que, por um lado, o juiz instrutor tem limitados poderes nas fontes de prova, ou seja, "não tem trabalho ativo na instrução (ou tem um trabalho muito limitado), e de outro é ele mesmo componente do Colégio o qual vai decidir e por isso sua instituição não realiza a separação entre o trabalho de instruir e aquele de decidir."

5.2. NOS ESTADOS UNIDOS E NA INGLATERRA

O sistema processual norte-americano segue a *common law*, isto é, tem como fontes do direito os precedentes jurisprudenciais e os costumes, ao contrário do que se verifica nos sistemas da *civil law*, de inspiração romanista, que se funda no direito escrito e codificado.

Sálvio de Figueiredo Teixeira aponta as características do sistema anglo-americano: a) primado da lei através do controle da constitucionalidade pelo Judiciário; b) respeito ao precedente; c) a adoção de um processo contraditório no qual o júri tem efetiva participação; d) tem seu norte alicerçado sobre um princípio dispositivo rígido com características visceralmente privatísticas.

Explica ainda ele que o processo de conhecimento passa por cinco fases: a) *service of process;* b) *pleadings;* c) *pré-trial phasis;* d) *trial;* e) *judgment.*

A primeira das fases é caracterizada pela citação do réu para comparecer ao tribunal, entregando-se a ele o *complaint* - pedido do autor -, que constitui o primeiro *pleading,* o qual pode oferecer a *answer* e ainda apresentar, se quiser, reconvenção *(conterclaim).* Havendo reconvenção, é facultado ao autor replicar *(reply).*

O *complaint,* a *answer* e a *reply,* se houver, integram a fase dos *pleadings.*

Não tendo havido revelia e sendo matéria de fato, isto é, não se circunscrevendo tão somente a questões de direito, passa-se à fase do *pre-trial.*

Conforme assinala Magno Araújo (1983, p. 99), a fase *pre-trial* se destina a preparar o processo, isto é, ampliar, simplificar e produzir os pontos litigiosos, e até mesmo tentar uma conciliação das partes, para se passar à fase *trial.* Nesta fase, *pre-trial,* o juiz somente participa do processo se for convidado e, se for, exercerá apenas a função de fiscalizador, apenas saneando aquele.

Na fase *trial,* a mais importante, as questões de fato ficam por conta do júri, enquanto que as de direito cabem ao juiz togado. Nesta é que são produzidas as provas, em que as testemunhas são inquiridas pelas partes e só supletivamente pelo juiz.

Vigora dessa forma um princípio dispositivo rígido, em que os debates são realizados perante o júri, cabendo apenas ao juiz proferir a sentença.

Não obstante os juristas americanos, tais como Wigmore e Mc. Cormick, afirmarem que o juiz dispõe de poder para produzir de ofício prova testemunhal, esta tese, segundo Cappelletti (1973, p. 78), não vem sendo endossada pela jurisprudência norte-americana e já foi até desmentida pela *Court of Appeal* inglesa.

É importante salientar ainda que, na técnica da *cross-examination* - *trial* -, não só cabe às partes toda a responsabilidade na produção das provas, como também a tarefa, segundo Kubinski (1982, p. 160), de apresentar suas próprias testemunhas e peritos, sendo que estes últimos devem ser submetidos à reinquirição pela outra parte, além do que, e o mais gritante, a Corte Suprema já decidiu anteriormente que é inadmissível a confissão forçada.

Apesar de tudo isto, ainda vê Millar (op. cit., p. 88 e 91) um certo poder diretivo no tribunal americano e inglês no processo, contudo, pela adoção nestes sistemas de um princípio dispositivo rígido, que se não chega a ser puro ao menos muito próximo se situa, razão assiste a Serini e Lessona ao profligarem que os tribunais estão sempre comprometidos com a verdade ficta em detrimento da real.

5.3. NA FRANÇA

É de longa data a predominância na França dos poderes do juiz quanto à produção *ex officio* do material probatório.

Antes da Revolução Francesa, porém, o misto que havia entre o princípio de disposição e de inquisitoriedade no material probatório podia fazer com que predominasse este último, já que, além do juiz poder convocar *ex officio* as partes para o interrogatório, ele podia ser secreto.

Com a reforma de 22 de novembro de 1958, dando novas regras aos arts. 252 e 264 do Code de Procédure Civile de 1806, passou o juiz não só a dispor mais *ex officio* dos depoimentos das partes como também convocar testemunhas, fora das referidas, além de inspecionar lugares e coisas e ainda ordenar peritos, enfim, dispor não só dos meios como também das fontes de prova, sem a exigência de que houvesse ao menos princípio daquelas. E assim não foi diferente com o Código de Processo de 1975, cujo art. 10 confere expressamente ao juiz o poder de determinar de ofício todas as medidas de instrução legalmente admitidas conforme Barbosa Moreira (1984, p. 179).

5.4. NA ÁUSTRIA

Considerado por Cappelletti como o mais social dos códigos de processo civil da Europa ocidental em que vigora o princípio dispositivo e de iniciativa da parte, foi em 1895 que o código instrumental austríaco aumentou os poderes do juiz quanto à formação e valorização das provas.

A *Zivilprozessordnung* desde aquela data, não só aboliu as provas legais mas também, como assevera Cappelletti (1969, p. 19), "impôs às partes a obrigação de esclarecer, de completar, de dizer a verdade, as quais estão claramente em função de uma 'moralização'e 'socialização' da conduta das partes no processo; atribui ao juiz todos os poderes e deveres considerados necessários para tornar a igualdade das partes no processo não apenas formal e aparente, mas efetiva e válida, assim não menos para o pobre, para o ignorante, para o mal defendido que para o rico e para o erudito".

Foi, na verdade, o Código de Klein um pioneiro na outorga de maiores poderes ao juiz que se estendeu às diversas legislações européias.

Salvo os casos de impugnação por ambas as partes, conforme Lopes da Costa (1943, p. 371), pode o juiz não só determinar de ofício a produção de prova testemunhal, como também ajudar a parte menos astuta, menos preparada, pior defendida, de modo a reparar, modificar e corrigir lacunas ou defeitos de sua demanda ou defesa. É a saída do juiz da absoluta passividade e daquele neutralismo a que estava preso no processo de até então, participando ativamente da relação jurídica processual.

Todavia, para respeitar a disponibilidade das partes nas alegações e na produção de provas, as testemunhas por aquelas trazidas ou até mesmo pelo juiz produzidas de ofício são inquiridas apenas acerca dos fatos da causa, prevalecendo, destarte, o princípio do *allegata partium*, além do que o auxílio prestado a uma parte deficiente é apenas, como o próprio nome já diz, em caráter auxiliar e nunca substitutivo, como esclarece Cappelletti (1969, p. 10).

5.5. NA ALEMANHA

Cappelletti (1972, p. 393) relata que Gonner, no início do século passado, e a maior parte da doutrina alemã, especialmente com Wach, seu principal representante, não conseguia diferenciar, como visto anteriormente, o princípio da disponibilidade do direito material e o impulso processual. Daí porque a premissa verdadeira era que se o juiz civil não pode condenar alguém sem ação condenatória também não pode ele considerar outras provas que não sejam aquelas que as partes indicaram.

Foi, porém, com a reforma de 1924 que, segundo Millar (op. cit., p. 88), ampliaram-se os poderes do juiz e em conseqüências se reduziu a ação do impulso do processo pelas partes.

A ampliação, como reflexo da ZPO austríaca, influenciou exacerbadamente seus poderes, passando o juiz a ter o poder de auxiliar as partes, tal qual ocorreu na Áustria, porém sendo dependente da vontade delas ao determinar o *thema decidendum*.

A mudança implicou para a doutrina alemã o seguinte pensamento, expresso por Hans M. Semon, segundo citação de Amaral Santos (1952, p. 115): "tudo que se alegue em juízo, e seja pelo juiz considerado em essencial para a decisão do pleito, necessita ser provado."

Nestes termos, à parte que indica as provas cabe determinar sua produção; porém, se quedar inerte, o tribunal pode, *ex officio*, sem indicação ou pedido, promover certas provas necessárias para a decisão. Na audiência dos debates orais, por exemplo, é facultado ao tribunal alemão nos termos dos parágrafos 142, 143 e 144 ordenar: a) a apresentação de documentos em que uma parte fundar sua pretensão e se encontre em seu poder, b) a exibição de memoriais e papéis que se achem em poder da parte, quando constituam escritos que possam interessar aos fins da discussão e a decisão do assunto; c) a realização de inspeção ocular (vistoria) ou de exame pericial. Enfim, pode o juiz dispor de quase todas as provas. Aliás, nos termos do parágrafo 622, quando a ação tenha por objeto relações de estado, os poderes do juiz são ilimitados para a busca da verdade material. A única ressalva que se faz quanto aos poderes de ofício pelo juiz em produzir determinada prova diz respeito à testemunhal, já que esta é a única em que a disponibilidade é somente das partes.

Interessante ainda é o parágrafo 20 da *Staatsanwaltschaftsgesetez*, de 23 de maio de 1952, que atribui à Procuradoria do Estado o poder de se manifestar ativamente em qualquer causa civil com fito de assegurar a legitimação democrática através de escritos e mediante participação direta nas atividades processuais.

Apesar de estar se falando até o momento do sistema que vigorava na ex-Alemanha Oriental, importante é destacar que não é diversa a produção *ex-officio* do material probatório pelo tribunal da ex-Alemanha Ocidental.

É de se salientar ainda que tais considerações tecidas até o momento acerca do sistema alemão, se referem à ZPO anterior a 1976, já que a partir daí muito pouco se tem de material doutrinário comentando a legislação processual posterior da extinta República Democrática Alemã.

5.6. NA SUÉCIA, NA SUÍÇA E NA HUNGRIA

Tal qual ocorre na Áustria e na Alemanha, o juiz pode auxiliar as partes na Suécia e na Suíça, porém não em caráter substitutivo, ao contrário, depende delas na determinação do objeto da causa.

Pode o tribunal húngaro, pela faculdade outorgada pelo Código de Procedimento Civil de 1911, e o suíço, pelo Código Federal de 1947, dispor de ofício não somente da prova testemunhal como também qualquer fonte e meio de prova, mesmo sem pedido da parte.

Pelo Código Federal Suíço, pode o juiz chamar a atenção das partes sobre lacunas de suas deduções em juízo e aconselhá-las a especificar de maneira completa os fatos e as provas necessárias para fazer com que exsurja no processo a verdade material. Para isso, é facultado em qualquer estado da causa determinar o comparecimento pessoal das partes para serem interrogadas, bem como adverti-las das irregularidades ou deficiências de suas alegações e conclusões. Cappelletti (1973, p. 72) informa: "en otros términos, el juez no es solamente un árbitro que vigila la observancia de las 'reglas del juego', sino que es un sujeto que puede y debe intervenir activamente a fin de evitar que una parte pierda la *litis* a causa de su escasa habilidad y no en virtud de su falta de razones válidas".

A disposição do Código Suíço espelha com grande claridade que o juiz, ao aconselhar as partes, fica apegado, na decisão de mérito, às alegações e deduções propostas pelos litigantes. Por isso mesmo, ao dispor de ofício de alguma prova, não pode indagar mais que com referência ao objeto de demanda, isto é, se os fatos alegados pelas partes são ou não são verdadeiros como observa Cappelletti (ibidem, p. 78): "no puede, en cambio - a diferencia de los jueces de los países de derecho socialista - disponer *ex officio* de medios de prueba al objeto de descubrir hechos jurídicos diversos de los alegados por las partes".

5.7. NA EX-UNIÃO SOVIÉTICA

Com efeito, ao tratar do sistema soviético está se falando da principal das Repúblicas, qual seja, a República Socialista Federada Russa - RSFR, cujo código processual foi promulgado em 7 de julho de 1923 e com as devidas modificações introduzidas em 1º de junho de 1953, anterior, portanto, ao novo Código de Processo Civil de 11 de junho de 1964.

Todavia, cumpre salientar, *ab initio*, que o portador de um direito subjetivo substancial, no sistema soviético, em particular um direito patrimonial, não é concebido como único titular, isto porque dito direito antes de mais nada forma parte de uma situação coletiva e comunitária mais complexa, já que ele existe em função de toda a comunidade.

Destarte, eis razão pela qual o Código de Processo Civil russo possui uma carga acentuadíssima de direito público, já se manifestando como conseqüência disto o poder inquisitorial conferido ao juiz pelo artigo 195 do Código do Processo Civil da RSFR - "Em relação às circunstâncias comprovadas no curso da causa, o Tribunal pode sobrepassar os limites das petições apresentadas pelo autor, se isto é necessário para a defesa dos direitos e dos interesses legítimos das instituições estatais, das empresas, das factorias coletivas e das obras coletivas, ou dos cidadãos" - combinado com o art. 14, parágrafo 1º - "O Tribunal tem o dever de valer-se de todos os meios previstos pela lei para a comprovação completa, total e objetiva, das reais circunstâncias da lide e dos direitos e dos deveres das partes, sem se limitar aos materiais (provas) e informações apresentadas (pelas partes)" -, em contraposição ao que acontecia desde 1864, cujo código estava rigorosamente baseado no princípio de disponibilidade das partes quanto ao objeto e ao processo em si: "Art. 367. Em nenhum caso o Tribunal recorrerá a provas ou informações, senão que fundamentará sua decisão exclusivamente nas provas apresentadas pelas partes". Tanto era assim que o juramento por aquele código, a fim de fundamento para a decisão, somente seria admissível por acordo entre as partes, conforme esclarece P. H. Von Harrasowski, *apud* Cappelletti (1972, p. 403).

Com a entrada em vigor do Código de 1923, conforme já pode se observar, mudanças profundas ocorreram, tanto que os seus diversos artigos dispõem:

a) o tribunal tem o dever de desvelar de qualquer maneira quais são os efetivos direitos e recíprocas relações das partes em conflito, e, portanto, sem vínculo algum com as alegações e com as instâncias probatórias das partes;

b) o tribunal, mediante o instrumento de interrogatório das partes, tem o dever de atuar de modo que todas as essenciais circunstâncias de fato relativas à causa sejam esclarecidas e comprovadas mediante as provas, assegurando de tal maneira aos trabalhadores ativa ajuda na tutela de seus direitos e interesses legítimos, de modo que sua ignorância jurídica, seu nível cultural e circunstâncias similares não podem chegar a serem usadas em seu próprio dano;

c) o tribunal deve explicar às partes que hajam requerido quais são os seus direitos e as formalidades necessárias do procedimentos, bem como adverti-las acerca da conseqüência de seus atos e omissões.

Como acentua Cappelletti (1972, p. 404), é o poder inquisitivo a toda evidência, prevalecendo o interesse do Estado para com a coletividade, em detrimento da pessoa do particular, já que até mesmo ao demandante se lhe atribui a faculdade de designar representante para atuar em juízo se porventura não quiser acionar.

Por outro lado, é ainda o comprometimento do processo com a verdade material, real, considerado como princípio fundamental e inderrogável de todo o sistema socialista. É ainda Cappelletti que esclarece (idem, ibidem): "La doctrina procesalista soviética costumbra plantear el problema de la búsqueda de la vertad objetiva en el proceso, tanto civil como penal,sobre la base de la solución que el materialismo dialéctico y en particular la doctrina marxista-leninista ha dado del problema de la 'realidad' en general y de la posibilidad lógica de la apreensión de ella".

Já o art. 80 do Código concede ao juiz certos poderes, a fim de que haja uma celeridade maior no processo, de modo a repelir demandas injustificadas e aquelas em que haja a prevalência de um direito do particular sobre uma coletividade. Continua Cappelletti (op. cit., p. 405): "exige del demandado o de cualquiera tercera persona documentos o informaciones; desde el momento en que se dá curso a la demanda, establece mediante interrogatorio del actor cuáles poden ser las objeciones del demandado y invita al actor a producir las provas necesarias; en las causas particularmente complicadas, ordena al demandado que se presente para un examen preliminar sobre las circunstancias de la causa".

É o interesse não só da coletividade no processo como também do próprio tribunal. Aí sim se pode comungar com toda a doutrina contrária ao poder de inquisição do órgão jurisdicional atuando no processo desta maneira, posto que o interesse que se revela em jogo diz respeito também à pessoa do juiz. Há uma extrema parcialidade na causa.

Se o juiz auxilia, ajuda e até participa do objeto da relação litigiosa, por assim considerar, há um pré-julgamento da demanda. Daí porque não podia ser diferente a produção de provas: pode toda e qualquer fonte ser assumida de ofício, com a ressalva, entretanto, do artigo 128, que não admite, em geral, que seja produzida prova testemunhal quando for da substância do ato determinada fonte de prova, como, por exemplo, a escritura, tal qual ocorre no sistema processual brasileiro.

Possui ainda o juiz a faculdade de rechaçar toda e qualquer prova testemunhal quando a pessoa que irá ser ouvida tem um evidente interesse na causa ou até mesmo quando haja certa relação entre ela e uma das partes (art. 130).

É por esta razão, pelo fato de as provas poderem ser produzidas de ofício pelo juiz, que não existe nos sistemas socialistas, tal qual o código ora comentado, qualquer distribuição no tocante ao material probatório.

Só em casos raríssimos é que o tribunal, após esperar e até mesmo aconselhar a parte a produzir determinada prova, que nem ele mesmo conseguiu buscar, julgará mediante a clássica distribuição do ônus subjetivo da prova, presente nos países ocidentais e naqueles que adotaram o mesmo sistema.

A única diferenciação significativa que se pode apontar no Código de Procedimento da República Federativa Soviética Russa de 1923 em relação ao de 1964 é que neste não é mais faculdade do juiz, senão dever, indicar às partes quais são as provas necessárias para demonstrar a verdade das suas alegações em juízo, de emitir de ofício providências cautelares oportunas para assegurar a execução da sentença prolatada, de informar às partes os seus direitos, bem como adverti-las da falta do cumprimento de um ato processual e colaborar com elas para a realização de seus direitos.

É, pois, em suma, um processo de autêntico poder inquisitório, comprometendo não só a pessoa do juiz quando da atribuição do caráter de auxiliar as partes, como também que toda a justiça seja feita em prol do direito legislado nos termos do interesse do Estado, já que é impossível conceber neste sistema qualquer resquício de imparcialidade que, diga-se de passagem, pelo visto, não foi evitado pelo legislador.

5.8. NO BRASIL

5.8.1. Antes de 1939

O primeiro ato legislativo do Brasil que ocorreu no Império, foi o decreto da Assembléia Geral Constituinte, de 20 de outubro de 1823, ordenando que, enquanto não fossem elaboradas leis e códigos que deviam reger no país, continuassem em vigor as Ordenações, Leis, Regimentos, Alvarás, Resoluções e Decretos promulgados pelo Rei de Portugal.

Pelas Ordenações, tolhia-se naquela época qualquer iniciativa do juiz, o qual devia julgar "segundo o que achar provado de uma e de outra parte ainda que a consciência ditasse outra coisa, e ele sabia a verdade ser em contrário do que no feito for provado" a teor do Livro 3º, título 66, princ., citado por Amaral Santos (1952, p. 109).

Bonumá (1946, p. 227) informa que com o advento do Código de Processo Criminal, pela Lei de 29 de novembro de 1832, sob o título "Disposição Provisória acerca da Administração da Justiça Civil, baixou Governo Imperial seu primeiro decreto modificando as regras processuais civis que herdamos da metrópole, entre as quais a faculdade, concedida aos juízes de direito, de reperguntarem as testemunhas em sua presença e procederem a quaisquer outras diligências que entendessem necessárias, antes do julgamento final".

Segundo narra João Monteiro, parafraseado por Moacyr Amaral Santos (1952, p. 109), quando as partes já tivessem produzido suas provas e os autos se achassem conclusos, o juiz podia abrir a conclusão para melhor se inteirar da verdade, mandando proceder a qualquer diligência que se lhe afigurasse apropriada àquele fim, entre as quais chamar e inquirir testemunhas ou informadores dos fatos que fossem objeto das vistorias, ordenar arbitramentos, vistorias e quaisquer outros exames periciais, deferir o juramento supletório e o juramento *in litem*, proceder ao interrogatório das partes e ainda determinar, quando lhe subissem os autos para a sentença final, qualquer diligência que lhe parecesse necessária, a bem da verdade dos fatos controvertidos. Destarte, vingava no sistema processual brasileiro o princípio dispositivo no tocante a produção e escolha das provas, podendo o juiz, em caráter supletivo, determinar *ex officio* os meios de prova que entendesse necessários para clarear os pontos obscuros.

Com o surgimento do Regulamento nº 737, promulgado quatro meses após o advento do Código Comercial, em 25 de novembro de 1850, que não se destinava a reger o processo civil mas o comercial unicamente, as ações civis continuaram com o processo antigo do Livro 3º das Ordenações e com as modificações trazidas pelas leis posteriores.

Promulgada a Constituição de 24 de fevereiro de 1891, e em virtude da dualidade da justiça e da faculdade outorgada aos Estados membros da Federação de legislarem sobre matéria processual civil e criminal, passaram eles a elaborar seus códigos processuais e suas leis de organização judiciária. Nesse diapasão, narra João Bonumá (op. cit., p. 242) que: "O pleito se circunscrevia e se limitava às alegações e pedidos das partes e o juiz a eles estava adstrito no seu julgamento. A matéria da decisão era simplesmente a que constava dos pedidos dos litigantes, cabendo a cada um deles dar as provas de suas afirmações. Somente esse material de conhecimento, acumulado pelas partes, era utilizado pelo juiz, sendo-lhe vedado abrir *ex officio*, novas indagações ou colher outras provas que as partes, porventura, houvesse negligenciado em produzir. Por outro lado, como cabia às partes a livre impulsão do processo, todas as vezes que elas se conservavam inativas, o juiz, de sua própria autoridade, não podia movimentar o feito". Lopes da Costa (1947, p. 340) esclarece mais:

"A inatividade poderia assim espreguiçar-se por largo tempo. Só findos seis longos meses, sem se falar no feito, a Instância se interrompia. Lá vinha uma nova citação pessoal, como escorva para que de novo se encetasse a marcha do processo. Renovava-se a instância. Suspensão e renovação poderiam suceder-se indefinidamente, alterando-se".

A verdade é que as codificações dos Estados foram, na maior parte dos casos, cópias ou adaptações do Regimento nº 737. Entretanto, somente os Códigos da Bahia, de São Paulo e do Distrito Federal procuraram se modernizar, tomando por modelos legislações processuais européias. Neste sentido, baseado nos Códigos germânicos e especialmente italiano, propagava Gusmão conforme citação de Amaral Santos (1952, p. 110), na Faculdade de Direito de São Paulo, um aumento nos poderes do juiz com a finalidade de trazer para o processo a verdade material:

"Sob o regime das novas idéias já triunfantes na processualística contemporânea, confere-se ao juiz a faculdade de subsidiariamente cooperar na disquisição e colegimento das provas, sendo-lhe permitido ordenar ou proceder *ex officio* a quaisquer diligências que lhe pareçam necessárias a bem da apuração da verdade dos fatos contendidos em juízo; porque, se é certo serem as partes litigantes as mais diretas e imediatamente interessadas nessa operação, não é menos certo ser do máximo interesse para a comunhão social que a tutela dos direitos individuais a todos seja plenamente assegurada e conseguintemente que a justiça, nas decisões das controvérsias sobre as múltiplas várias relações de direito privado, se realizem, quanto possível, do modo mais perfeito e integral; o que a experiência tem demonstrado muitas vezes falhar, o vetusto sistema das provas por iniciativa única e exclusiva das partes".

Enquanto Gusmão pregava um aumento nos poderes do juiz, Espínola redigia o Código de Processo do Estado da Bahia, reforçando os poderes daquele em matéria de direito probatório, concedendo-lhe uma participação mais ativa no processo: "O juiz pode ordenar *ex officio* as diligências que julgar necessárias para apurar a verdade dos fatos alegados, depois de realizadas as requeridas pelas partes" (art. 127). Conforme o autor do Código baiano de 1925, o preceito se justificava pela tentativa de se colocar o processo daquele Estado na mesma altura a que chegaram os códigos mais perfeitos da Europa.

Apesar de taxar de autoritário o Código baiano, Araújo Cintra (op. cit., p. 62) e outros autores acreditam que os poderes foram outorgados aos juízes decorreram da conseqüência publicística do processo, "correspondendo aquilo que se convencionou denominar 'socialização do direito'".

Já o Código de Processo do Distrito Federal, em seu art. 238, chegou a outorgar ao juiz certos poderes de ofício, que, apesar de limitados, incluía o de ordenar exames periciais bem como negar a perícia se o fato dependia do testemunho comum e não de parecer de técnicos (art. 260).

Entretanto, apesar dos poderes que foram outorgados aos juízes nos códigos de processos estaduais citados, a regra era que primeiramente caberia às partes a busca e o oferecimento do material probatório, para somente após o magistrado ordenar qualquer diligência.

5.8.2. O Código de 1939

Com as mudanças de regime ocorridas em 1930 e 1937, em conseqüência das leis constitucionais, o processo, outra vez unificado como no Império, ficou durante o período de dois anos em fase de transição, aguardando a promulgação do Código de Processo Civil uniformizado que teve a sua publicação pelo Decreto-Lei nº 1.608, de 18 de setembro de 1939.

Como reflexo da implantação do Estado autoritário na carta de 1937, seguiu-se o aumento dos poderes do juiz no processo pelo Código de 1939, aproximando-o com o sistema vigente na Hungria, na Áustria e aprovado pelos juristas alemães e discípulos de Chiovenda na Itália. Razões de ordem política impunham essa conseqüência.

E foi por isso mesmo que Francisco Campos, na exposição de motivos do CPC de 1939, após salientar que o novo processo era eminentemente popular ("pondo a verdade processual não mais apenas a cargo das partes mas confiando numa certa medida ao juiz a liberdade de indagar dela, rompendo com o formalismo, as ficções e presunções que o chamado 'princípio dispositivo', de 'controvérsia' ou de 'contradição', introduzira no processo"), acabou por afirmar que "O juiz é o Estado administrando a justiça; não é um registro passivo e mecânico de fatos, em relação aos quais não o anima nenhum interesse da natureza vital".

Trata-se da autoridade do Estado prolongando-se na autoridade delegada ao juiz, onde o relevo da reforma processual se consubstancia na direção do processo pelo julgador, ao qual não compete mais o papel de zelar pela observância formal das regras processuais por parte dos litigantes, mas o de intervir no processo de maneira que este atinja o objetivo da investigação dos fatos e a descoberta da verdade.

E assim o foi também no tocante à produção e à apreciação das provas, quando na Exposição de Motivos Francisco Campos salienta: "No processo dominante pelo conceito duelístico da lide judiciária, as testemunhas e os peritos são campeões convocados pelas partes para as ajudar na comparação das suas afirmativas. No processo concebido como instrumento público de distribuição da justiça, as testemunhas e os peritos passou a ser testemunhas e peritos do juízo. O seu dever é o de dizer e investigar a verdade sem as restrições que hoje incidem sobre elas. Embora as primeiras sejam indicadas pelas partes, uma vez convocadas pela justiça, passam a ser auxiliares desta".

Com efeito, prescreve o art. 117, do CPC de 1939, que: "A requerimento ou *ex officio* o juiz poderá, em despacho motivado, ordenar diligências necessárias à instrução do processo e indeferir as inúteis em relação ao seu objeto, ou requeridas com propósitos manifestamente protelatórios".

Por este preceito, Pontes de Miranda (1947, p. 422, 1958, p. 275), após afirmar que ele deixou longe a Ordenação austríaca (art. 275), bem como o Projeto Preliminar Italiano (art. 176) salienta que a norma vibrou profundo golpe no princípio da dispositividade da prova.

São, de conseguinte, as medidas de melhor prover em tema de material probatório, já vistas antes, que em combinação com o preceituado no art. 112 do mesmo Código - *in verbis* "O juiz dirigirá o processo por forma que assegure à causa andamento rápido, sem prejuízo da defesa dos interessados" -, faz com que prevaleça no moderno direito processual sua concepção publicística, obra do mestre Chiovenda.

Pelo que pareceu das manifestações dos advogados paulistas, tudo indica que ficaram irresignados com as disposições processuais que outorgaram maiores poderes ao juiz, não só em tema probatório como também na direção do processo, eis que, já nas palestras realizada na sede do Instituto dos Advogados de São Paulo, teciam críticas severas ao Projeto, sustentando suas bases que seria temerário avançar, como concebeu aquele, na direção proposta, já que transformaria o juiz num ditador de toda a atividade processual. Os professores Soares de Farias e Gabriel Rezende Filho, conforme relata Azevedo (1939, p. 194), já haviam mostrado "que o projeto se distanciou em demasia do sistema dispositivo, abraçando sem restrições todos os inconvenientes dos processos de tipo inquisitório".

Todavia, como já repisado anteriormente e que aqui não cabe referir mais que de forma sumária, uma maior ampliação dos poderes conferidos ao juiz no processo, em tema de material probatório, não faz com que haja uma mudança radical no sistema como quis fazer valer o IASP - Instituto dos Advogados de São Paulo. Talvez por não compreenderem à época que eram perfeitamente conciliáveis os princípios dispositivo e inquisitivo no sistema probatório, é que acabaram por achar "excessivo o poder de intervenção no andamento do processo que o projeto atribui ao juiz, considerando, também, como perigoso o grande arbítrio dado ao mesmo na apreciação das provas" (Azevedo, 1939, p. 195).

Tudo indica, pelo que se vê das acirradas críticas, é que queria aquele Instituto não só um processo onde vigisse a máxima dispositiva, em que o juiz, ser inanimado, ficasse aguardando na sala de audiências a verdade trazida pelas partes, como também valorasse as provas pelo sistema legal de tributação.

Vigiu, porém, pelo preceito retro estipulado, no Código de 1939, um poder de produção de provas *ex officio* pelo então diretor do processo, o juiz, que podia ainda indeferir diligências inúteis ou protelatórias requeridas pelas partes, as quais tinham por fito dilatar o ínterim referente à duração da marcha processual, entre a provocação da tutela jurisdicional e o pronunciamento de mérito, como forma e hábito de se aproveitarem das benesses que o tempo em muito lhes proporcionava.

Embora a crítica de Gabriel Rezende Filho, na palestra proferida no IASP contra o anteprojeto, não resultasse numa mudança de atitude do legislador instrumental quanto à produção de provas *ex officio*, não podia ser outra a exegese dele de que o preceito somente é aplicável quando haja provas produzidas nos autos pelas partes. Assim igualmente se refere Lopes da Costa (1943, p. 369): "De regra, a subministração da prova completa à parte. Apenas supletivamente o juiz intervém", seguido de Moacyr Amaral Santos (1952, p. 120 e 122):

"Mas não há dúvida que, apesar do que disse sobre o autoritarismo preconizado pelo estatuto processual, a atribuição concedida ao juiz no art. 117 continua sendo, como dantes, meramente supletiva da iniciativa dos litigantes [...] O princípio de disposição das partes, nesse particular, é apenas refreado, como no direito pátrio anterior, pelo poder de iniciativa do juiz nos casos em que houver necessidade de se esclarecer a verdade, sem o que não seria possível, de consciência tranqüila, proferir sentença".

Lopes de Costa (ibidem, p. 370) procura ainda, ao interpretar o preceito contido no art. 117, criticar a palavra diligência, já que em seu sentir "diligência é todo o ato processual praticado pelo juiz, pelo escrivão ou pelo oficial de justiça, fora do edifício do Fórum. É o significado que a palavra tem no regimento de custas. Diligência é toda a medida tomada para pôr em ordem o processo". Contudo, o processualista acaba por admitir que as diligências compreendidas no art. 117 do CPC de 1939 devem ser entendidas como sendo as "diligências de instrução", isto é, o termo tem significado mais restrito, referindo-se ao exame judicial, à vistoria, aos documentos e ainda às testemunhas referidas pelas partes ou por outras testemunhas que hajam sido ouvidas.

Idêntico é o entendimento de Batista Lopes (1972, p. 21) quanto às testemunhas, isto é, o preceito somente autoriza a produção *ex officio* daquelas que hajam sido referidas pelas partes ou por outras testemunhas ouvidas.

Já Moacyr Amaral Santos (1952, p. 121) sustenta que as diligências que podem ser efetivadas de ofícios são as que visam satisfazer novas averiguações, as quais as partes não lograram demonstrar, podendo o juiz ordenar "que se proceda a exames, vistoria, arbitramento (art. 117); que o perito responda aos quesitos do juízo (art. 256, parágrafo único); que o perito responda a novos quesitos; que se proceda a nova perícia (art. 258); que as partes prestem depoimento (art. 294, n° IV); que compareçam testemunhas referidas (art. 248 e 210); que terceiro exiba documento em seu poder (arts. 210, 220 e 221)".

Diversa é a opinião de Pedro Batista Martins, *apud* Amaral Santos (1952, p. 120), para o qual "o Código foi mais longe e atribuiu a juiz a incumbência de, mediante despacho motivado, ordenar, oficialmente ou a requerimento, não só exames periciais, mas toda e qualquer diligência necessária à instrução do processo", ou seja, nas palavras de Plácido e Silva (1941, p. 229), diligências ilimitadas, entendidas estas, segundo o sentido legal, como toda e qualquer medida própria a comprovar ou investigar tudo o que diz respeito aos fatos alegados pelas partes e que servem de fundamento às questões e ao objeto litigioso. Pontes de Miranda (1947, p. 422) assegura: "Agora, o juiz pode ordenar quaisquer diligências necessárias à instrução do processo. Quer dizer: pode provocar e movimentar todas as provas que entenda".

Entretanto, necessário se faz, segundo o art. 117, que o juiz, ao determinar uma certa diligência, o faça em despacho motivado. Esta é a condição normativa: a fundamentação do despacho é necessária para evitar que fique no foro íntimo do juiz a razão do uso da atividade negativa ou positiva do art. 117, conforme observa Pontes de Miranda (ibidem, p. 423).

De outra banda, parece não dissentir a doutrina que o momento para ordenar diligências *ex officio* se estende até a sentença final. Assim, pode o juiz, em qualquer fase do processo, porém somente até a sentença, tal qual as medidas de melhor prover, determinar que seja cumprida qualquer ordem atinente ao tema probatório da causa posta a exame.

5.8.2.1. Diligências inúteis e protelatórias

Se, por um lado, pode o juiz determinar diligências necessárias à instrução da causa nos termos do art. 117, pode ainda, pela mesma norma, indeferir as diligências inúteis e protelatórias requisitadas pelas partes durante o transcorrer do processo.

É, na verdade, um reflexo do já citado art. 112 do mesmo diploma: "O juiz dirigirá o processo de forma que assegure à causa andamento rápido, sem prejuízo de defesa dos interessados", visando, com isto, impedir o prolongamento indevido dos processos criado por manobras e chicanas das partes, mediante o indeferimento de diligências inúteis e protelatórias.

Segundo Lopes da Costa (1943, p. 340), "o andamento rápido do processo está assegurado ou pelo decurso automático dos prazos ou pela atividade oficiosa do juiz".

Para Pontes de Miranda (1974, p. 276), inúteis são aquelas diligências que não se referem ao objeto do processo, isto é, se fossem produzidas nada adiantariam a quem recorreu.

De Plácido e Silva (op. cit., p. 230) explica com maior acuidade o que seria diligência inútil:

"A inutilidade da diligência revela-se a antítese de sua necessidade. Desse modo, quando a diligência não se mostra apropriada ou consentânea ao fim que se declara ou pretende ter, é, visivelmente, uma medida ou diligência inútil, porquanto, inadequada ao objecto da demanda ou imprópria à prova desejada, não traz à questão qualquer esclarecimento ou solução à controvérsia".

E o que seria protelatória (ibidem, p. 231):

"As diligências protelatórias são as que se mostram inoportunas, cavilosas e requeridas, simplesmente, com a intenção de retardar o processo, a fim de que não se chegue com brevidade, a seu julgamento".

Pontes de Miranda (1974, p. 376), mais uma vez, diz que o critério para se indeferir uma diligência requerida por ser protelatória reside em sua característica de apresentar-se com este propósito manifesto, e talvez seja por isso que Jonatas Milhomens (1968, p. 221) exemplifica o termo com o pedido de oitiva de Lênine numa ação que tramitava em São Paulo.

Porém, qualquer que seja o motivo do indeferimento da diligência, por ser inútil ou protelatório, cumpre destacar que há a necessidade de se fazê-lo mediante despacho motivado. É a garantia da imparcialidade, do princípio do contraditório e da igualdade de tratamento entre as partes, além do que possibilitará ao tribunal, em sede de reexame da questão, ver se houve ou não algum cerceamento de direito praticado em razão do motivo que levou o juiz a indeferir determinada diligência.

5.8.3. O Código de 1973

Como reconhece o autor na Exposição de Motivos (nº 18), o Código de Processo Civil de 1973 acolheu o princípio dispositivo. Conforme Ovídio Baptista da Silva (op. cit., p. 48), "No direito brasileiro pode-se dizer que ainda vigora o princípio dispositivo, como regra fundamental, ou como simples princípio diretivo", porém sujeito "a severas limitações previstas pelo legislador em inúmeros dispositivos legais que o abrandam consideravelmente, outorgando ao juiz uma apreciável faculdade de iniciativa probatória [...]".

É, neste particular, semelhante ao Código de 1939, porém com um maior reforço nos poderes do juiz atinentes à direção do processo. Segundo Moniz Aragão, citado por Araújo (1983, p. 98), é um "meio termo que hoje é preponderante: vencido o primeiro impulso, isto é, a propositura da demanda - que é de iniciativa da parte e, eventualmente, do Ministério Público - o processo se desenvolve mediante a iniciativa do próprio juiz, proibido de agir de ofício quanto ao inicial, mas não quanto ao impulso subseqüente". Por isso, ressalta, Magno Araújo, o art. 125 não se limitou a repetir a regra anteriormente prescrita no art. 112 do Código revogado, pois além da direção do processo outorgou ao juiz a incumbência: "I - de assegurar às partes a igualdade de tratamento; II - velar pela rápida solução do litígio; III - prevenir ou reprimir qualquer ato contrário à dignidade da justiça".

Como se pode extrair do enunciado contido no inciso III do artigo retro, não retirou o legislador das partes o poder de disponibilidade quanto às suas alegações, porém, de acordo com o art. 130, a regra *iudex secundum allegata et probata partium judicare debet* foi substituída por *iudex secundum allegata partium judicare debet*.

Pela redação do art. 130, a qual era semelhante à prevista no art. 117 do Código revogado - *in verbis*, "Caberá ao juiz, de ofício ou a requerimento da parte, determinar as provas necessárias à instrução do processo, indeferindo as diligências inúteis ou meramente protelatórias" -, deve o magistrado julgar somente por aquilo que foi alegado pelas partes, eis que agora ocupa a figura central do processo, se colocando acima e entre elas, como órgão desinteressado no cumprimento de seu dever jurisdicional.

Tanto é assim que no art. 284, ante o iminente prejuízo da parte pelo desconhecimento de seu patrono em juízo, cuidou o legislador da possibilidade de alertá-la da falta de algum requisito da petição inicial, a fim de tornar possível o julgamento do mérito.

Narra Pontes de Miranda (1974, p. 374) que o legislador instrumental, ao redigir o art. 130, assim como ocorreu na redação dada ao art. 117 do Código revogado, se deparou com um problema técnico: "ou subordinar ao juiz a prova dos autos, sem qualquer oportunidade de interrogação, ou de perícia, ou de inspeção ocular de documentos referidos, porém não produzidos; ou permitir, apenas, a inspeção ocular de documentos, o exame pericial tão prestante em certas emergências, a reinquirição de testemunhas ou a inquirição daquelas que por qualquer motivo deixaram de ser inquiridas, se bem que indicadas pelas partes, e a interrogação das partes; ou entregar ao juiz todo o poder inquisitório. Se a primeira solução pecava pela insuficiência, a última pecaria pela entrega de poder que os povos mais experientes, de alto grau de civilização, não ousaram reeditar desde séculos. Dar ao juiz o direito de ordenar produção de testemunhas que as partes não ofereceram, ou mandar que se exibam documentos, que se achem em poder da parte, e não foram mencionados pela parte adversa, ou pela própria parte possuidora, como probatórios de algum fato do processo, ou deliberar que uma das partes preste depoimento pessoal, é quebrar toda a longa escadaria, que se subiu, através de cento e cinqüenta anos de civilização liberal".

Problema que se levanta, assim como visto no Código revogado, é saber se os poderes do juiz para a produção *ex officio* de provas são supletivos e qual o alcance deles.

Batista Lopes (1984, p. 37), conquanto interprete que o art. 130 confere ao juiz não a faculdade mas o dever de produção de provas, entende que somente há possibilidade deste produzi-las se as partes já houveram apresentado as suas. Isto é, se nenhuma prova foi produzida por aquelas, vedado é ao juiz, mesmo ante a clara evidência de que as partes não se perceberam, de algum fato, sair em busca de provas, devendo então se pronunciar pela improcedência da ação.

Comungando com a exegese de Mota de Souza (1987, p. 54), para o qual as expressões "pode", "se quiser", "é facultado", "quando entende", estabelece na norma um equilíbrio entre princípio dispositivo e inquisitivo, é poder-dever dos juízes, mesmo ante a negativa de produção de provas pelas partes, de produzir provas *ex officio* quando houver meios para tal, isto é, se se revelar de imediato para o julgador onde se encontram as fontes de prova, a fim de que faça justiça no caso concreto. Muitas vezes a contumácia que revelam os sujeitos litigantes no tocante à apresentação do material probatório se deve ao despreparo e desconhecimento de seus patronos. Por mais uma vez, não se quer dizer com isso que as partes estão liberadas do ônus probatório. Longe disso, o que ocorre e o que vem a calhar é que, quando uma fonte de provas se revela tão clara como a luz do dia, não pode o juiz deixar de produzi-la sob o pretexto de que primeiramente caberia ao autor ou ao réu assim fazê-lo. Nesses termos não haveria razão de ser da norma. O esperado pelo legislador instrumental é trazer para os autos a verdade real e, pelo que parece, a improcedência da ação, em face da prova gritante não produzida em razão da inexperiência ou fraqueza de uma das partes, não revela o espírito da *mens legis*.

Razão, assim, assiste a Agrícola Barbi (1988, p. 531), já que a "norma legal propicia ao juiz, nessas hipóteses, meios para completar sua convicção e, assim, decidir com tranqüilidade de consciência, realizando o ideal do verdadeiro juiz que não é apenas o de decidir, mas sim o de decidir bem, dando a correta solução da causa em face dos fatos e do direito". Podendo, nesses termos, produzir todas as provas admissíveis em direito, *ex officio*, na amplitude do art. 332 da lei instrumental.

Entretanto, forçoso é concluir com Barbosa Moreira que na prática o preceito é de pouca utilização, não só pelo fato de sobrecarga de trabalho que enfrenta qualquer julgador nas lides forenses, mas especialmente para não ser taxado de parcial na decisão da demanda, como comumente se revela pela avalanche de recursos que contra esse tipo de decisão se insurge a parte "prejudicada".

Convém assinalar que o preceito é de aplicação não só para juízes de Primeiro Grau de Jurisdição como também para os Tribunais Superiores, os quais, segundo Friederich Stein, utilizam sua experiência "[...] para declarar que la verificación de los hechos del Tribunal de instancia viola la ley procesal, em virtud, de su incompletud" (*apud* Arruda Alvim. Repro, 6/194), e utilizável em qualquer tipo de procedimento previsto no *Codex*

Processual, inclusive nas causas de jurisdição voluntária (art. 1.107) e de direitos indisponíveis. Todavia, não tendo sido encontrado pelo juiz o lugar onde residem as fontes de prova, certamente se saiu em sua busca é porque ainda não está convencido das razões expostas pelos litigantes, outra então não é a solução senão o julgamento mediante a averiguação da carga subjetiva da prova.

Conclusão

A teoria do ônus subjetivo da prova constitui um acentuado traço característico da adoção do princípio dispositivo.

Não se deve, contudo, confundir princípio dispositivo com princípio da demanda. O princípio dispositivo ou inquisitivo puro jamais foi abraçado por qualquer legislação, posto ser impossível esta concepção em qualquer sistema, senão que teoricamente.

Possui por fundamento o princípio dispositivo a imparcialidade do juiz frente aos sujeitos que figuram na relação jurídica processual.

Apesar de a doutrina taxar de parcial o juiz no sistema onde vige a máxima inquisitiva, tem ele por objeto a busca da verdade real, tal qual ocorre no mundo dos fatos, porém as partes não passam de colaboradoras da atividade judicial.

Inversamente do que ocorre nos sistemas onde vige a máxima inquisitiva, não transparece no sistema dispositivo a verdade real, mas a formal, como as partes a apresentaram. A verdade, por isso mesmo, nunca é assegurada, mas somente desejada. Assim, também a coisa julgada espelha um fato que até mesmo pode não ter existido no mundo dos fatos ou se existiu não passa de mera coincidência.

Para aproximar a verdade real da formal, utiliza o legislador, nos sistemas dispositivos, o dever de probidade e boa-fé processual, exigindo das partes que litigam ou requeiram em juízo, o qual é fruto da ideologia privatística do Estado, tudo como forma de combater a fraude e a simulação que comumente se apresentam.

As críticas levantadas ao princípio dispositivo são as mais variadas: a) o processo é tido como coisa privada das partes e dos advogados destas, sendo um erro prestigiá-lo, posto que reduz a tarefa da prestação jurisdicional; b) já não mais se admite o princípio dispositivo rígido representado pelo brocardo *iudex secundum allegata et probata partium judicare debet*, pois o julgador na atualidade deve passar de simples espectador a diretor ativo do processo; c) o juiz num sistema dispositivo puro não passa de um árbitro, exercendo função privada, diversamente da outorgada pelo Estado nos sistemas inquisitivos em que exerce uma justiça equânime, rápida, simples e equilibrada; d) a dispositividade das partes sobre o material probatório leva o juiz a conceber como verdadeiro aquilo que elas apresentaram, embora tenha ocorrido ou não o fato daquela maneira; e) as partes devem ser livres quanto ao objeto da relação jurídica processual, mas não do processo como ocorre no sistema dispositivo puro; f) é injusto e se qualifica por uma desigualdade das partes o processo que se pauta pela máxima dispositiva.

A melhor solução encontrada para amparar as críticas levantadas no seio da doutrina foi a utilização, pelo legislador, de medidas de melhor prover, ou seja, a combinação que resulta da soma entre o princípio dispositivo e o inquisitivo, no qual o juiz passa de mero espectador a órgão ativo e atuante na direção da relação jurídica processual, podendo produzir provas *ex officio*.

Das medidas de melhor prover resulta que o juiz não está mais adstrito à apresentação pelas partes do material probatório, mas apenas das alegações. Pode ele assim sair em busca de provas não produzidas pelas partes litigantes como meio de proferir uma decisão justa e equilibrada.

A busca *ex officio* pelo juiz do material probatório não retira das partes a indicação e a apresentação dele, posto que, se nenhum dos sujeitos apresentar e o juiz quedar duvidoso quanto ao mérito da demanda, deve ele julgar pela distribuição do ônus subjetivo da prova.

As medidas de melhor prover não são um poder de inquisição, mas somente uma atenuação ao princípio dispositivo, cujo resultado ainda faz presente a nodal diferenciação entre ele e o inquisitivo.

Uma produção *ex officio* pelo juiz acerca das provas não significa direcioná-las contra qualquer dos sujeitos litigantes, já que não sabe o julgador qual o resultado que irá obter com esta atividade, isto é, não sabe se a mesma irá beneficiar o autor ou o réu, o que faz resultar, portanto, que ainda permanece intacta a distribuição subjetiva do ônus probatório.

Por idêntico motivo, não perde ele a imparcialidade na demanda, posto que as medidas de melhor prover se referem ao poder diretivo no processo e não no objeto da relação jurídica processual que continua a pertencer às partes.

Em que pese a sustentação que aquelas medidas se refiram tão somente aos meios probatórios, não haveria razão de ser do poder conferido ao juiz se elas não se destinassem às fontes de prova.

O juiz na busca das fontes não possui limites, tal qual as partes litigantes, mas, por exceção, deve ter presente o caso concreto e particularizado quando se deparar com fatos que pela lei independem de provas, não havendo também necessidade, para a produção *ex officio*, de prova adminicular. Mas aí a parte irá sofrer as conseqüências se o juiz deixar de usar seu poder diretivo como ocorre também nos sistemas onde vige a máxima inquisitiva.

As medidas de melhor prover se endereçam a qualquer juízo ou tribunal, podendo ser utilizadas a qualquer momento antes de findar o ofício jurisdicional, devendo as partes ser notificadas, vedada porém a contra-prova se acaso a produção *ex officio* ocorrer após a audiência de instrução.

Não se justifica a proposição de provas pelo Ministério Público nas demandas que não digam respeito a seu poder de intervenção sob o argumento de que na aplicação das medidas de melhor prover, assim como nos processos inquisitivos, o juiz perde a sua imparcialidade. Se assim fosse, iria desnaturar a própria conceituação daquelas medidas, além do que não dá para retirar a conseqüência da parcialidade pelo fato de o juiz produzir provas de ofício.

A adoção de um sistema dispositivo ou inquisitivo no processo depende da interferência do direito substancial, o qual, por sua vez, sofre da ideologia do Estado.

No Brasil, as medidas de melhor prover são conferidas ao juiz desde o advento do Código de 1939, porém com pouca utilização devido às más condições do aparelhamento do Poder Judiciário e principalmente para o juiz que assim ordenar não seja taxado de parcial.

Por tudo isso, se se abraçar o princípio dispositivo sem nenhuma atenuação, isto é, sem as medidas de melhor prover, corre risco o juiz, como já visto noutro estudo nosso (1992, p. 28), de ver reduzida toda a sua tarefa jurisdicional a uma mera máquina de aplicar silogismos, onde a premissa maior é o direito positivo e a menor as alegações e as provas apresentadas pelas partes, cujos atos não seriam outros senão meros cálculos matemáticos e proposicionais, reduzindo todo o seu conhecimento a categorias dogmático-jurídicas, em detrimento da verdade real e de uma decisão justa e equânime.

Bibliografia

Almeida, J.C. Mendes de. Diretrizes do Processo no Código Penal. *Revista Forense*, Rio de Janeiro, v. 94, n. 478, abr. 1943.

Alvim, Arruda. Reexame do Valor da Prova. *Revista de Processo*, São Paulo, ano II, n. 6, abr./jun/ 1977.

Amaral, Leopoldino Marques do. A Justiça do Terceiro Milênio. *Revista de Processo*, São Paulo, ano 16, v. 62, abr./jun. 1981.

Araújo, Justino Magno. Os Poderes do Juiz no Processo Civil Moderno. *Revista de Processo*, São Paulo, ano VIII, n. 32, out./dez. 1983.

Azevedo, Noé. Parecer do Instituto dos Advogados de São Paulo sobre o Anteprojeto do Código de Processo Civil. *Revista Forense*, Rio de Janeiro, v. 78, n. 430, abr. 1939.

Barbi, Celso Agrícola. *Comentários ao Código de Processo Civil.* 5.ed. Rio de Janeiro: Forense, 1988. Vol. I.

Bernhardt, Wolfgang. O Domínio das Partes no Processo Civil. *Revista Forense*, Rio de Janeiro, v. 78, n. 430, abr. 1939.

Bonumá, João. *Direito Processual Civil.* v. 1 e 2, São Paulo: Saraiva e Cia., 1946.

Borges, Marcos Afonso. Jurisdição Voluntária. *Revista de Processo*, São Paulo, ano III, n. 11-12, jul./dez. 1978.

Calamandrei, Piero. *Derecho Procesal Civil.* Instituciones de Derecho Procesal Civil según el Nuevo Código, v. 1, Buenos Aires: Europa-America, 1973.

——. Premissas Políticas do Projeto do Código Processual Civil Italiano. *Revista Forense*, Rio de Janeiro, v. 78, n. 430, abr. 1939.

Campo, Hélio Márcio. *Ação de Anulação de Casamento por Erro Essencial quanto à Identidade do outro Cônjuge.* Trabalho de Conclusão de Curso. São Leopoldo/1990.

——. Juizado de Pequenas Causas: Jurisdição de Direito ou de Enqüidade? *Juizado de Pequenas Causas - Doutrina e Jurisprudência.* Porto Alegre, ano 1, n. 4, abr. 1992.

Cappelletti, Mauro. A Ideologia no Processo Civil. Tradução de Athos Gusmão Carneiro. *Revista de Jurisprudência do Tribunal de Justiça do RGS*, Porto Alegre, ano IV, n. 13, 1969.

——. *El Proceso Civil en el Derecho Comparado*. Las Grandes Tendencias Evolutivas. Buenos Aires: Europa-America, 1973.

——. *La Oralidad y las Pruebas en el Proceso Civil*. Colección Ciencia del Proceso, n. 62. Buenos Aires: Europa-America, 1972.

——. *Proceso, Ideologias, Sociedad*. Colección Ciencia del Proceso, n. 64, Buenos Aires: Europa-America, 1974.

Carnelutti, Francesco. *Derecho Procesal Civil y Penal*. v.1. Derecho Procesal Civil. Derecho y Proceso. Buenos Aires: Europa-America, 1971.

——. *Estudios de Derecho Procesal*. v.2. Colección Ciencia del Proceso, n. 20. Buenos Aires: Europa-America, 1952.

——. *Instituciones del Nuevo Proceso Civil*. Buenos Aires: Europa-America, 1959.

Chiovenda, Giuseppe. A Idéia Romana no Processo Civil Moderno. *Revista Forense*, Rio de Janeiro, v. 78, n. 430, abr. 1939.

Cintra, Antônio de Araújo *et alii*. *Teoria Geral do Processo*. 9. ed. São Paulo: Malheiros, 1992.

Código De Processo Civil Da Itália. Relatório sobre o projeto preliminar. *Revista Forense*, Rio de Janeiro, v. 78, n. 430, abr. 1939.

Couture, Eduardo J. *Fundamentos de Direito Processual Civil*. São Paulo: Saraiva e Cia., 1946.

Cristofolini, Giovanni. Poderes da Parte e Poderes do Juiz: instrução do processo. *Revista Forense*, Rio de Janeiro, v. 78, n. 430, abr. 1939.

Dall'Agnol Júnior, Antônio Janyr. O Princípio Dispositivo no Pensamento de Mauro Cappelletti. *Ajuris*. Porto Alegre, ano XVI, n. 46, jul. 1989.

De Plácido e Silva. *Comentários ao Código de Processo Civil*. v.1. 3.ed. São Paulo: Guaíra, 1941.

Enciclopédia Saraiva Do Direito. Inquisitório. São Paulo, 1980, v. 44.

——. Ônus da Prova. São Paulo, 1977a, v. 56.

——. Princípio. São Paulo, 1981a, v. 60.

——. Princípio de Prova. São Paulo. 1981b, v. 61.

——. Prova. São Paulo, 1977b, v. 62.

Furno, Carlo. *Teoria de la Prueba Legal*. Madrid: Editorial Revista de Derecho Privado, 1954.

Gusmão, Chrysolito de. *Direito Judiciário e Direito Constitucional.* Rio de Janeiro: Freitas Bastos, 1956.

Habschid, Walther J. As Bases do Direito Processual Civil (Relatório geral apresentado ao Congresso Internacional de Direito Processual - Gand (Bélgica) 1977). *Revista de Processo,* São Paulo, ano III, n. 11-12, jul./dez. 1978.

Jardim, Afrânio Silva. O Princípio Dispositivo e a Intervenção do Ministério Público no Processo Civil Moderno. *Revista Brasileira de Direito Processual,* Uberaba, v. 58, 2º sem. 1988.

Karam, Munir. Ônus da Prova: noções fundamentais. *Revista de Processo,* São Paulo, ano V, n. 17, jan./mar. 1980.

———. Princípio Distributivo do Ônus da Prova na Organização Judiciária Romana. *Revista de Processo,* São Paulo, ano VI, n. 24, out./dez. 1981.

Kubinski, Luiz. A Classificação das Obras de Direito dos Estados Unidos em Especial Consideração para com o Direito Processo Civil e Penal segundo o Sistema da Biblioteca do Congresso (Library of Congress). *Revista de Processo,* São Paulo, ano VII, n. 26, abr/jun. 1982.

Liebman, Enrico T. Fondamento del Princípio Dispositivo. Tradução. *Rivista di Diritto Procesuale,* Padova, v. 15, 1960.

Lopes, João Batista. O Ônus da Prova. *Revista dos Tribunais,* São Paulo, ano 61, n. 435, jan. 1972.

———. O Ônus da Prova no Processo Penal. *Revista de Processo,* São Paulo, ano III, n. 11-12, jul./dez. 1978.

———. Os Poderes do Juiz e o Aprimoramento da Prestação Jurisdicional. *Revista de Processo,* São Paulo, ano IX, n. 35, abr./jun. 1984.

Lopes da Costa, Alfredo de Araújo. *Direito Processual Civil Brasileiro (Código de 1939).* v. 1. 2.ed., Rio de Janeiro: José Konfino, 1947.

———. *Direito Processual Civil Brasileiro (Código de 1939).* v. 2. São Paulo: Revista dos Tribunais, 1943.

Maranini, Giuseppe. Princípio Dispositivo e Princípio Inquisitório. *Revista Forense,* Rio de Janeiro, v.78, n. 430, abr. 1939.

Meira, Raphael Corrêa de. *Curso de Direito Romano.* São Paulo: Saraiva, 1983.

Melendo, Santiago Sentís. Bibliografia. *Revista de Processo,* São Paulo, ano II, n. 6, abr./jun. 1977.

Micheli, Gian Antonio. *Curso de Derecho Procesal.* v. 1 e 2. Colección Ciencia del Proceso, n. 53, Buenos Aires: Europa-America, 1970.

――. *La Carga de La Prueba*. Buenos Aires: Europa-America, 1961.

Milhomens, Jonatas. *Manual de Prática Forense (Civil e Comercial)*. v. 2, Parte Geral - Processos Ordinários e Especiais. 6.ed. Rio de Janeiro: Forense, 1968.

Millar, Robert Wyness. *Los Princípios Formativos del Procedimiento Civil*. Buenos Aires: Ediar, [s.d.].

Moreira, José Carlos Barbosa. A Função Social do Processo Civil Moderno e o Papel do Juiz e das Partes na Direção e Instrução do Processo (Conferência). *Revista de Processo*, São Paulo, ano X, n. 37, jan./mar. 1985.

――. Alguns Temas Atuais da Prova Cível. *Revista de Processo*. São Paulo, ano XIV, n. 53, jan./mar. 1989.

――. O Juiz e a Prova (Conferência). *Revista de Processo*, São Paulo, ano IX, n. 35, abr./jun. 1984.

――. Os Temas Fundamentais do Direito Brasileiro nos Anos 80. *Revista Brasileira de Direito Processual*, Uberaba, v. 47, 1985.

Neto, Abib. *Manual de Direito Civil*. São Paulo: Leud, 1982.

Paula, Alexandre de. *O Processo Civil à Luz da Jurisprudência*. v. 28. 1.ed. Rio de Janeiro, Forense, 1968.

Peyrano, Jorge W. *El Proceso Civil*. Principios y Fundamentos. Buenos Aires: Astrea, 1978.

Pontes de Miranda. Moacir Cavalcante. *Comentários ao Código de Processo Civil*. v.1, Rio de Janeiro: Forense, 1947.

――. *Comentários ao Código de Processo Civil*. v. 2 e 4. Rio de Janeiro: Forense, 1974.

――. *Comentários ao Código de Processo Civil*. v. 3. 2.ed. Rio de Janeiro: Forense, 1958.

Porto, Sérgio Gilberto. Prova: Teoria e Aspectos Gerais no Processo Civil. *Estudos Jurídicos*. São Leopoldo. ano XVI, n. 39, 1984.

Rezende Filho, Gabriel José Rodrigues de. *Curso de Direito Processual Civil*. v. 2. 4.ed. São Paulo: Saraiva 1955.

Rosenberg, Leo. *La Carga de la Prueba*. Colección Ciencia del Proceso. n. 30, Buenos Aires: Europa-America, [s.d.].

Santos, Moacyr Amaral. *Primeiras Linhas de Direito Processual Civil*. v.2. 13.ed. São Paulo: Saraiva, 1990.

――. *Prova Judiciária no Cível e Comercial*. v.1. 2.ed. São Paulo: Max Limonad, 1952.

Silva, Ovídio Baptista da. *Curso de Processo Civil.* v. 1. 2.ed. Porto Alegre: Sérgio Antônio Fabris, 1991.

Souza, Carlos Aurélio Mota de Poderes Éticos do Juiz (A igualdade das partes no processo e a repressão ao abuso processual). *Revista de Processo,* São Paulo, ano XII, n. 46, abr./jun. 1987.

Souza, Paulo Roberto Pereira de. Abandono da Causa. *Revista de Processo.* São Paulo, ano VI, n. 24, out./dez. 1981.

Teixeira, Sálvio de Figueiredo. O Juiz em Face do Código de Processo Civil (Palestra). *Revista de Processo,* São Paulo, ano III, n. 10, abr./jun. 1978.

Theodoro Júnior, Humberto. *Curso de Direito Processual Civil.* v. 1. Teoria Geral do Direito Processual Civil e Processo de Conhecimento, 7.ed. Rio de Janeiro: Forense, 1991.

Av. Plínio Brasil Milano, 2145
Fone 341-0455 - P. Alegre - RS